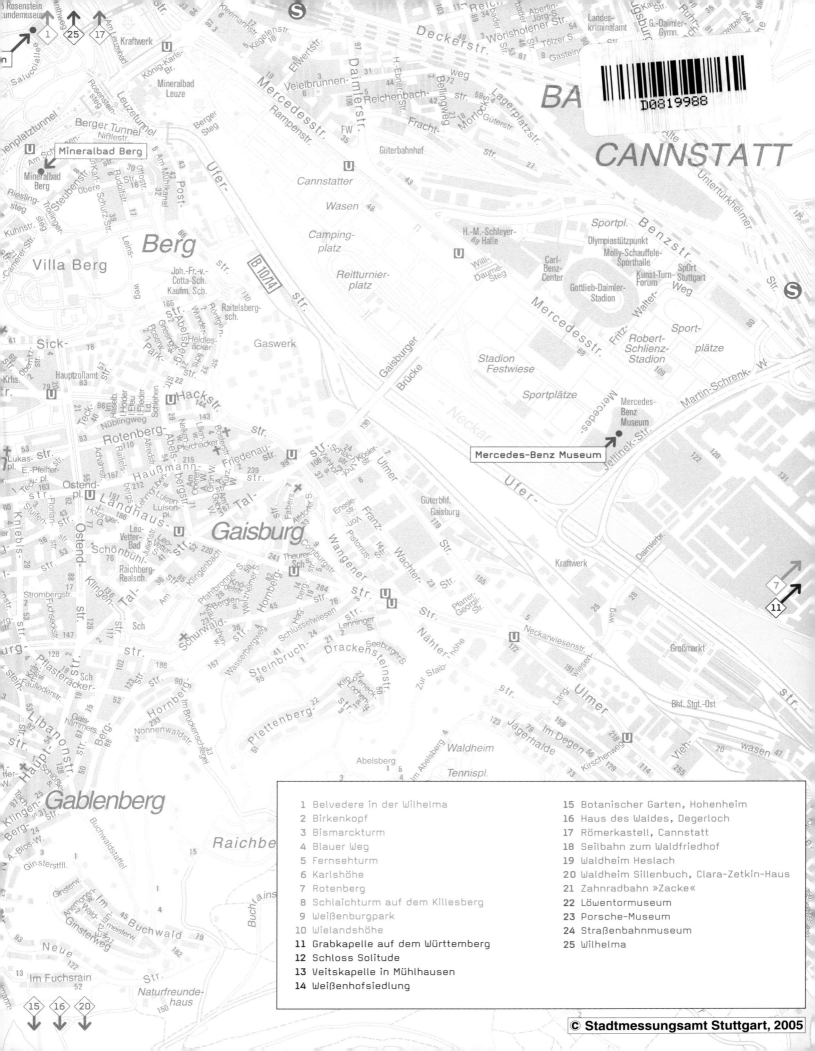

STUTTGART

Neue Ansichten
New Views
Vues Inédites

July 2nd, 2009

Dear Donna, dear Tim,
We are sending our very best wishes to you,
all the best for your future
and a very nice wedding.

We invite you to come and stay with us
as soon as possible.
Hopefully the Stuttgart book will arouse
your wish to come and see it real.

Hans, Beate, Moritz und Sofie

STUTTGART

Neue Ansichten
New Views
Vues Inédites

Texte von Andreas Braun
Fotos von Josip Madračević

Englische Übersetzung:
Wendy Drechsler
Französische Übersetzung:
Sylvie Coquillat

Bibliografische Information Der Deutschen Bibliothek
Die Deutsche Bibliothek verzeichnet diese Publikation in
Der Deutschen Nationalbibliografie; detaillierte bibliografische
Daten sind im Internet über **http://dnb.ddb.de** abrufbar.

Englische Übersetzung: Wendy Drechsler, Stuttgart
Französische Übersetzung: Sylvie Coquillat, Adelshofen

© 2005 Konrad Theiss Verlag GmbH, Stuttgart
Alle Rechte vorbehalten
Lektorat: Martin Müller, Ostfildern
Gestaltung: nalbach typografik, Stuttgart
Umschlaggestaltung: Stefan Schmid, Stuttgart, unter
Verwendung von Aufnahmen aus dem Band
Druck und Bindung: Druckerei Himmer, Augsburg
Gedruckt mit XSYS-Druckfarben

ISBN 3-8062-1985-0

Inhalt
Contents
Sommaire

Vorwort
Preface
Préface

Liebe Leserinnen und Leser,

Stuttgart hat in den vergangenen Jahren sichtbar an Lebensqualität und Attraktivität gewonnen. Lange wurde unsere Stadt nur als erfolgreicher Wirtschaftsstandort wahrgenommen. Natürlich sind wir stolz darauf, dass hier das Automobil erfunden wurde und Stuttgart heute das weltweit führende Kompetenzzentrum für Mobilität ist. Doch die Stadt der Erfinder ist zugleich eine internationale Sportstadt, eine innovative Kulturmetropole und beliebter Treff zum Ausgehen, Feiern und Genießen. Wälder, Weinberge, Parks und Mineralbäder sorgen dabei für eine nachhaltig hohe Lebensqualität.

Dies alles kennen zu lernen, lade ich Sie herzlich ein.

Dear Reader,

Over the past few years the standard of living in Stuttgart and popularity of the town have grown visibly. For a long time Stuttgart was considered to be merely a successful commercial city. Of course, while we are proud of the fact that the motor car was invented here and that Stuttgart consequently has become the leading centre of competence for the automotive industry, this innovative city is much more than that. It has developed into a hub of sporting excellence and has matured into a modern cultural metropolis boasting a lively nightlife. Surrounding woodland, vineyards, parks and mineral spas all play a role in sustaining this high standard of living.

I would like to invite you to come and see all this for yourself.

Chers lecteurs et lectrices,

au cours de ces dernières années, Stuttgart a visiblement gagné en qualité de vie et en attraits. Notre ville n'a été longtemps perçue que comme un site économique performant. Nous sommes bien sûr fiers que notre région soit le berceau de l'automobile et que Stuttgart soit aujourd'hui le centre de compétence numéro un mondial en matière de mobilité. Mais la ville des inventeurs est aussi une ville du sport international, une métropole culturelle d'esprit innovateur et un lieu de rencontre privilégié pour sortir, faire la fête et profiter de la vie. Forêts, vignobles, parcs et thermes sont ici les garants d'une qualité de vie élevée et durable.

Je vous invite cordialement à venir en découvrir tous les aspects.

Ihr / Your / Votre

Dr. Wolfgang Schuster
Oberbürgermeister
Lord Mayor
Premier bourgmestre

Boomtown Stuttgart
Boomtown Stuttgart
Stuttgart: ville en pleine expansion

Stuttgart leuchtet. Ob es um die Zufriedenheit der Bürgerinnen und Bürger mit ihrer Stadt, die Zukunftserwartungen, die niedrigste Arbeitslosenquote oder die geringste Kriminalitätsrate geht – die baden-württembergische Landeshauptstadt steht glänzend da. In Ranglisten findet sich Stuttgart stets ganz oben und weit vorn.

Während andere Städte an Reiz und Einwohnern verlieren, wird die Schwabenmetropole zur Boomtown, wovon nicht zuletzt die vielen Baustellen künden. Stuttgart also, Stadt der Superlative? Schon allein die sprichwörtliche schwäbische Bescheidenheit bringt die Dinge wieder ins Lot. Die Stuttgarter sind selbstbewusst, halten damit aber im Zweifel hinter dem Berg. Sie sind erfolgreich, stellen das aber nicht unbedingt zur Schau.

Nicht nur Zahlen und Platzierungen, auch der fortdauernde Zuzug von Neubürgern aus dem In- wie Ausland sowie der anschwellende Touristenstrom sprechen für sich. Und überzeugen auch Alteingesessene: Es muss etwas dran sein an den Vorteilen und Vorzügen dieser Stadt. Tatsächlich braucht die Landeshauptstadt ihre Reize nicht zu verstecken. Eine großartige Lage, ein vielfältiges Kulturleben, sportliche Großereignisse, ungewöhnliche Museen – Stuttgart hat vieles zu bieten. Unübersehbar außerdem: Die Stadt ist in den vergangenen Jahren an zahlreichen Ecken und Stellen attraktiver, schöner geworden.

Stuttgart is a shining example of a developing modern city, as witnessed by the high level of satisfaction of the population, the future expectations, the lowest unemployment rate in the country and the low level of crime. Whatever the theme and ratings, Stuttgart is always up at the top and way ahead of the competition.

Whilst the attraction and population figures are dropping in other cities across the country, this Swabian metropolis has become a 'boomtown', reflected in the many building sites marking the skyline. Is Stuttgart the ultimate city? This certainly isn't a term the modest people of Stuttgart would use themselves; whilst not short of success or self-confidence, they prefer not to show it.

However it is not just the statistics or high ratings in top ten lists which show how popular Stuttgart is; a continuous growth in the number of new citizens from home and abroad together with a growing number of tourists speaks for itself and goes a long way to convincing the most obdurate of sceptics that yes, this city must have some good points. Actually, the city has no need to be modest about its achievements: its wonderful location, a varied and diverse cultural programme, international sporting events, unusual museums and numerous attractions all mean that Stuttgart has a lot to offer. And work is still ongoing to improve the appearance of the city.

Stuttgart est lumineuse. Qu'il s'agisse de la satisfaction des habitants avec leur ville, des attentes en l'avenir, des taux de chômage et de criminalité les plus bas, la capitale régionale du Bade-Wurtemberg fait figure de proue. Et Stuttgart se range toujours en haut des classements.

Tandis que d'autres villes perdent en attraction et en habitants, la métropole souabe devient toujours plus une ville de croissance, ce dont témoignent aussi les nombreux chantiers. Stuttgart, ville de tous les superlatifs? Mais déjà, la légendaire modestie souabe remet les choses à leur place. Les habitants de Stuttgart ont confiance en eux, mais dans le doute, ils en font mystère. La réussite leur sourit mais ils n'en font pas forcément étalage.

Non seulement les chiffres et les classements sont éloquents, mais aussi l'arrivée permanente de nouveaux habitants venus d'Allemagne ou de l'étranger, ainsi que l'afflux toujours plus important de touristes. Et ils savent convaincre aussi ceux qui sont établis ici depuis longtemps: les avantages et les attraits de cette ville sont bien une réalité. Et la capitale regionale n'a vraiment pas besoin de dissimuler ses charmes. Une situation géographique unique, une vie culturelle diversifiée, de grands évènements sportifs, des musées exceptionnels – Stuttgart a beaucoup à offrir. Et ce qui saute aux yeux: au cours des dernières années, la ville s'est considérablement embellie en de nombreux endroits.

Stadt im Grünen
The green city
Ville d'espaces verts

◇ Was Stuttgart mit Rom und San Francisco gemein hat? Die italienische Hauptstadt liegt auf sieben Hügeln, und in der nordkalifornischen Metropole braucht man Cable Cars, um die enormen Steigungen zu überwinden. Höhenunterschiede gibt's auch in Stuttgart. Allerdings: Stuttgart ist grüner.

Buckel und Berge, Täler und Falten, Kuppen und Kessel, Anhöhen und Hochebenen – die baden-württembergische Landeshauptstadt hat alles im Angebot. Und noch viel mehr: Wälder, Weinberge, jede Menge Aussichtspunkte. Um Steigungen und Gefälle zu überwinden, stehen zwar keine Cable Cars zur Verfügung, aber neben dem gut ausgebauten Straßen- und U-Bahn-Netz gibt es sogar eine Standseil- sowie eine Zahnradbahn – und die Stäffele. Von ihnen finden sich in der Stadt ein paar hundert, zumeist steil und schön anzuschauen. Sie sind ein typisches Stuttgarter Kulturgut, mögen ihre Benutzer noch so sehr ins Schwitzen kommen.

Tief drunten im Tal, auf einst sumpfigem Gelände befindet sich die Keimzelle der Stadt. Um die Mitte des 10. Jahrhunderts entstand ungefähr da, wo heute Altes Schloss und Stiftskirche stehen, ein Gestüt. „Stuot" bezeichnete im Althochdeutschen eine Pferdegruppe, „Stuotgart" ein eingefriedetes Gehege. Wo einst das Gestüt war, befindet sich heute die pulsierende City.

Stuttgart ohne Rösser – das wäre wie Schwaben ohne Trollinger

Stuttgart without horses – is like Swabia without Trollinger

Stuttgart sans chevaux – ce serait comme les Souabes sans Trollinger

◇ What has Stuttgart got in common with Rome and San Francisco? The Italian capital is surrounded by seven hills and in the city in Northern California they need cable cars for their steep slopes. Stuttgart is just as hilly but Stuttgart is much greener.

Undulations and mounds, valleys and folds, summits and basins, hills and plateaux, as well as woods, vineyards and plenty of viewing points – the administrative capital of Baden-Württemberg has a lot to offer. Whilst the city cannot boast cable cars on its steep hills, it has an excellent tram and underground system and even a cable railway, a rack-railway and many flights of steps ("Stäffele"). Because there are at least a couple of hundred of the latter in this hilly city, they are an integral part of the city's culture, still well-loved, despite the effort needed to climb them.

The origins of the city lie way down below in the basin in a once swampy area. In the middle of the 10th century, approximately where the "Old Schloss" and the "Stifts" church stand today, a stud farm was built. In Old German "Stuot" meant a group of horses and "Stuotgart" meant an enclosure where horses were kept. Where this stud farm once stood is now a booming city.

◇ Qu'y a-t-il de commun entre Stuttgart, Rome et San Francisco? La capitale italienne est située sur sept collines et dans la métropole du nord de la Californie, il faut recourir aux Cable Cars pour venir à bout des pentes considérables. Stuttgart elle aussi est riche en dénivellements. La différence: Stuttgart est plus verte.

Tertres et montagnes, vallées et plissements, sommets arrondis et cuvettes encaissées, collines et plateaux, la capitale régionale du Bade-Wurtemberg a tout à offrir. Et bien plus encore: forêts, côteaux de vignobles, innombrables points de vue. Pour surmonter les pentes et les descentes, pas de Cable Cars mais, en dehors d'un réseau bien développé de tramways et de lignes de métro, on dispose aussi d'un funiculaire, d'un chemin de fer à crémaillère et des «Stäffele» (escaliers). Il en existe des centaines dans la ville, raides pour la plupart et beaux à regarder. Ils représentent un patrimoine important de Stuttgart, quoiqu'il en coûte de sueur à ses usagers.

En bas, dans la vallée, se trouve le berceau historique de la ville, que recouvraient jadis des marécages. Vers le milieu du Xe siècle existait à cet endroit, c'est-à-dire à l'emplacement actuel de l'«Altes Schloß» (l'ancien château) et de la «Stiftskirche» (l'église collégiale), un haras. En ancien haut allemand, le mot «stuot» désigne un troupeau de chevaux et «Stuotgart» une enceinte clôturée. Ce qui était autrefois le haras est aujourd'hui le cœur battant de la cité.

G

Wasserspiele
am Schlossplatz

Water games
at the Schlossplatz

Jeux d'eau sur la Schlossplatz
(Place du château)

Die Johanneskirche am Feuersee

The Johannes church by the Feuersee

L'église Saint-Jean au Feuersee

Die ungewöhnliche Lage der Stadt prägt immer noch Alltag und Lebensgefühl ihrer Bürger, verblüfft oft genug ihre Besucher. Die da drunten, die da oben: An heißen Tagen etwa mögen manche wohlsituierten Bewohner der begehrten Halbhöhenlagen mitleidig lächeln über jene, die im „Kessel" schmoren. Doch es geht auch umgekehrt: Ist's oben noch recht frisch, kann man sich drunten womöglich bereits des lästigen Mantels entledigen. Bei starkem Schneefall verwandelt sich die Neue Weinsteige bisweilen in eine unpassierbare Passstraße. In solchen Momenten mag man sich vergegenwärtigen, dass der

The unusual location still has an effect on the day-to-day life and the "joie de vivre" of the city, much to the amusement of its visitors. There is a clear distinction made between "them down there" and "them up there". On hot days, some of the well-to-do inhabitants of the much sought-after elevated areas may smile sympathetically on those who have to bear it out in the "Kessel", the basin. But the tables do turn: when the wind gets up on the hills, those in the centre may still be able to walk around without their coats. And during heavy snowfalls in winter the "New Weinsteige" road turns into an almost unnavigable mountain pass. But let's

La situation exceptionnelle de la ville marque toujours de son empreinte le quotidien et la philosophie de ses habitants et étonne bien souvent les visiteurs. Il y a ceux d'en bas et ceux d'en haut: les jours de grosse chaleur par exemple, nombre d'habitants bien placés sur les mi-hauteurs tant convoitées des collines, aiment à se moquer, un petit sourire compatissant aux lèvres, de ceux qui sont restés dans la «cuvette». Mais l'inverse est vrai aussi: s'il fait encore très frais en haut, on peut déjà enlever les manteaux encombrants en bas. En cas de fortes chutes de neige, la «Neue Weinsteige» (nouvelle montée des vignobles) se transforme parfois en

Halbhöhe: am Hang und schon halb im Grünen – Stuttgarts beliebteste Wohnlagen

On the slopes: half in the city, half in the country – Stuttgart's most desirable residential areas

A moitié sur la colline et déjà à moitié dans la verdure – les meilleurs endroits à vivre de Stuttgart

Oft idyllisch und verwunschen, immer anstrengend: die Stäffele

Often idyllic and delightful, always hard work: the Stäffele (city steps)

Souvent idylliques et enchanteurs, toujours éreintants: les Stäffele (escaliers)

13

Blick über die Stadt in Richtung Neckar,
mit Fernmelde- und Fernsehturm

A view over the city towards the Neckar,
with the radio and television towers

Vue de la ville en direction du Neckar, avec
tour-relais de télécommunication et de
télévision

→

Grüne Lunge mitten in der City

The green lung in the middle of the city

Poumon vert en plein centre-ville

↓

Mediterranes Flair am Eugensplatz

Mediterranean flair at Eugensplatz

Ambiance méditerrannéenne sur la
Eugensplatz

Bau dieser kurvenreichen Straße vor fast 200 Jahren noch eine technische Meisterleistung war. Oder dass die Alte Weinsteige, die steilere Vorgängerin, so manchen Achsbruch verursachte, und dass hier einst nicht wenige Schindmähren ihr Leben aushauchten.

Die krassen Unterschiede zwischen Keuperhöhen und lieblichen Talauen, zwischen urbanem Flair drunten und dörflicher Vorstadtatmosphäre droben – sie machen ein Gutteil des Charmes von Stuttgart aus. Die Besiedlung der Stadt musste Rücksicht nehmen auf räumliche Gliederung und topographische Besonderheiten. Und die Besiedlungsgeschichte der Stadt spiegelt noch heute die Unterschiede wider. Die Cannstatter zum Beispiel pflegen stolz ihre Eigenständigkeit, verweisen auch ungefragt auf die ältere Geschichte ihres Stadtteils, in dem sich bereits Urmenschen und Römer, Franken und Alamannen tummelten, als sich im benachbarten Stuttgart noch Fuchs und Has' gute Nacht sagten.

not forget that the construction of this winding road almost 200 years ago was a technical masterpiece - or that the earlier steeper road, the "Old Weinsteige", claimed many a broken axle and the lives of numerous working horses.

The stark contrast between the hills and the charming valleys, and between the city bustle below and the more rural suburbs above, form an integral part of Stuttgart's appeal. The development and the spread of the city were governed both by the space available and the geographical layout of the region. The history of the city settlement still reflects this. The people of Bad Cannstatt for example are proud of their independence and will be happy to remind anyone who will listen of their much older history, of the days when Stuttgart was in the middle of nowhere, and cavemen, Romans, Franks, and Alamannen lived in their district.

route de col impraticable. Rappelons cependant au passage, que la construction de cette route tortueuse il y a presque 200 ans a relevé d'une prouesse technique et que l'ancienne route, la «Alte Weinsteige», encore plus escarpée, avait provoqué la rupture de nombreux essieux et vu périr nombre de haridelles.

Les contrastes créés par les hauteurs de marnes calcaires et les pentes douces des vallées, par le flair citadin du bas et l'atmosphère de banlieue villageoise du haut confèrent à Stuttgart une grande partie de son charme. L'occupation de la ville a dû tenir compte de la structure naturelle des lieux et de ses particularités topographiques.

L'histoire de son implantation humaine reflète encore toutes ces différences. Les gens de Cannstatt, par exemple, cultivent par habitude une autonomie qui n'a plus lieu d'être depuis longtemps et renvoient, sans même en avoir été priés, à l'histoire, beaucoup plus ancienne, de leur quartier, foulé par les premiers hommes, les Romains, les Francs et les Alamans, alors même que leur voisine Stuttgart ne comptait pas un chat.

Flanieren zwischen Neuem Schloss und Kunstmuseum

Strolling between the New Schloss and the art museum

Promenade entre le Neuem Schloss (Nouveau Château) et le Kunstmuseum (Musée d'art)

Passstraße mitten in der Stadt:
die Neue Weinsteige

Passstraße in the middle of the city:
the Neue Weinsteige

Une route de col dans la ville:
la Neue Weinsteige (Nouvelle montée
de vignobles)

→

Im Killesbergpark

In the Killesberg park

Dans le parc de Killesberg

↓

Blick vom Killesbergpark über den
Bühlowturm in Richtung Remstal

View from the Killesberg park over the
Bühlow Tower towards Remstal

Vue du parc de Killesberg sur la tour
Bühlow en direction de Remstal

↑

Im Schlossgarten

In the Schlossgarten

Dans les jardins du château

→

Waldspielplatz beim Bärensee

A playground in the woods by the
Bärensee (Bear's lake)

Aire de jeu en forêt au bord du
Bärensee (Lac aux ours)

Wer hoch oben steht überm Häusermeer und den Straßenschluchten, auf
der Uhlandshöhe etwa, am Belvedere
in der Wilhelma oder auf dem Haigst
im Süden, am Bismarckturm im Nor-
den oder auf der Karlshöhe oder gar
dem Birkenkopf im Westen, dem mag
die Historie ziemlich egal sein. Der
stellt aber fest, dass Stuttgart eine
ausgesprochen grüne Stadt ist. Ent-
sprechend hoch ist der Freizeitwert.
Das Angebot ist so vielfältig wie die
Stadt in all ihren Stadtteilen und
Teilorten. Beliebt ist der Schlossgarten als grüne Lunge mitten in der
Stadt. Er weitet sich zu einem gewal-
tigen U, das sich bis hinauf zum Killesberg zieht. Auf Schusters Rappen
lässt sich so die halbe Landeshauptstadt durchstreifen, ohne dass man
von Autos und Ampeln behelligt
würde. Zu allen Seiten, in allen Him-
melsrichtungen laden Parks, Wald-
wege und Weinberge zum spezifi-
schen Stuttgart-Erlebnis ein – denn
topfeben ist's hier fast nirgends.

For someone standing above the sea of
houses and the patchwork of streets on
the Uhlandshöhe, on the Belvedere in
the Wilhelma zoo or maybe on the
Haigst to the south, the Bismarck Tower
to the north, the Karlshöhe or even
Birkenkopf to the west, the history may
be unimportant, but they will notice
that Stuttgart is an exceptionally green
city. Consequently the leisure activities
available in Stuttgart are abundant and
as diverse as the city and its districts
and suburbs. The Schlossgarten park in
the centre of the city is highly popular.
It is shaped like an enormous U and
stretches right up to Killesberg making it
possible to walk through half the city
without encountering a single car or set
of traffic lights. No matter where
you go you will discover parks, woodland
paths and vineyards – this is all part
of Stuttgart's unique charm. But be
warned – it is either all up or down!

Pour celui qui habite tout en haut, qui
surplombe cet océan de toits et ces
gorges dessinées par le tracé des rues,
qu'il habite sur la Uhlandshöhe, au
Belvédère de la Wilhelma ou à Haigst
au sud, près de la «Bismarckturm» (Tour
de Bismarck), au nord, dans le quartier
de Karlshöhe, ou même au «Birkenkopf»
à l'ouest, l'histoire a sans doute peu
d'importance. Mais il peut constater
que Stuttgart est dotée d'une surface
d'espaces verts exceptionnelle. La valeur
des loisirs en prend d'autant plus d'importance. L'offre est aussi variée que le
sont les quartiers et les recoins de la
ville. Un endroit très apprécié: les jardins du château, véritables poumons au
cœur de la ville. Ils s'étendent en un
gigantesque U qui va jusqu'en haut du
«Killesberg». On peut parcourir ainsi la
moitié de la capitale régionale à pied,
sans être importuné par les voitures et
les feux rouges. De tous côtés, dans
toutes les directions, parcs, chemins
forestiers et côteaux de vignobles invi-
tent à vivre les aspects bien particuliers
de Stuttgart – car ici, les endroits plats
sont rares.

Auf der Karlshöhe
On the Karlshöhe
Sur la Karlshöhe

Die Stadt im Wald: Stuttgarter Süden

The city in the woods: south Stuttgart

La ville dans la forêt: le sud de Stuttgart

↑
Von hohem Freizeitwert:
Max-Eyth-See

High recreational value:
Max-Eyth lake

Très apprécié pendant les
loisirs: le lac Max Eyth

←
Ruhesitz: im Schlossgarten

A place to rest: in the Schlossgarten

Lieu de calme: dans les jardins du
château

Kultcharakter haben die Mineralbäder. Und, tatsächlich, welche Großstadt hat schon so etwas zu bieten: Dass mittendrin bestes Mineralwasser aus dem Boden quillt. Nach und nach gewinnt zudem auch der Neckar, der die östlichen Neckarvororte durchfließt, an Attraktivität zurück. Steile Weinterrassen umgeben ihn, urwüchsige Natur gedeiht zu seinen Seiten.

Admiration for the mineral baths is almost a cult here in Stuttgart: where else would you find top quality mineral water flowing from an underground source in another large city like this? The Neckar river that runs through the eastern part of the city is also returning to its former glory, surrounded as it is by steep vineyard terraces and wildlife.

Un véritable culte est voué aux établissements thermaux. Et effet, quelle grande ville peut se targuer de proposer quelque chose de semblable: la meilleure eau minérale jaillissant du sol ici et là. Peu à peu, le Neckar, qui traverse les banlieux retrouve lui aussi de son charme. Des terrasses de vignobles pentues l'entourent, une nature vigoureuse s'épanouit à ses côtés.

Wo Wein wächst:
Stuttgarts Neckarvororte

Where the wine grows:
Stuttgart's Neckar suburbs

Là où pousse la vigne:
les abords de Stuttgart sur les
rives du Neckar

Sportstadt Stuttgart
Stuttgart, the "Sports City"
Ville d'esprit sportif

◇ Den Beinamen Sportstadt verdankt Stuttgart nicht etwa der Tatsache, dass Bürger wie Besucher unablässig zu sportlichen Höchstleistungen gezwungen wären – zum Beispiel beim Bewältigen der Höhenunterschiede oder Besteigen der Aussichtspunkte. Und Stuttgart verdankt diese Bezeichnung auch nicht den überaus zahlreichen Angeboten des Breitensports. Dieses Attribut wurde Stuttgart bereits vor etlichen Jahren zuteil, und das hatte viel mit dem hier anzutreffenden Sportsgeist zu tun.

Neben der Vielzahl der Veranstaltungen von internationalem Rang und Interesse war es nämlich vor allem das Stuttgarter Publikum, das positiv auf sich aufmerksam machte und den Ruf der Sportstadt, zeitweilig sogar der „Sporthauptstadt" begründete. Manche meinen gar, die La-Ola-Welle sei eben hier erfunden worden, so sportbegeistert zeigen sich seit eh und je die Zuschauer.

Dieses Stuttgarter Publikum ging stets mit, honorierte Leistung genauso wie Einsatz, bejubelte Sieger wie Verlierer, zeigte Fairness. Nach den Leichtathletik-Weltmeisterschaften 1993 wurde Stuttgart der von der Unesco gestiftete Fair-play-Preis „Pierre de Coubertin" verliehen. Gelobt wurde damit die begeisternde Atmosphäre während der Wettkämpfe, gewürdigt wurde aber auch das vorbildlich faire Verhalten der Zuschauer.

◇ Stuttgart's nickname, the "Sports City", did not evolve because its citizens and visitors were forced to produce sporting achievements like climbing the steep hills or managing to ascend to the various viewing points. No, Stuttgart has been given this name thanks to the numerous sporting activities it has to offer. Stuttgart's character has traditionally been marked by a strong sporting spirit.

In addition to the many top quality international events held in Stuttgart, it was the enthusiasm of the local public which earned widespread praise and enhanced the city's reputation as a "sporting capital". There are even some who maintain that the Mexican wave was invented here.

The Stuttgart's sporting public is always fully involved, applauding courageous performances and celebrating losers as well as winners. After the World Athletics Championship in 1993, Stuttgart was awarded the Fair Play prize "Pierre de Coubertin" by Unesco in recognition of the enthusiastic atmosphere which prevailed during the various competitions and also the exemplary sense of fairness displayed by the audience.

◇ Stuttgart doit son surnom de ville sportive non pas au fait qu'habitants et visiteurs seraient sans cesse contraints à de hautes performances sportives – pour affronter par exemple les dénivellements ou pour grimper jusqu'aux points de vue. Et Stuttgart ne doit pas non plus cette distinction aux offres extrêmement nombreuses du sport grand public. Stuttgart s'est vue attribuer ce nom il y a bien des années déjà et cela a beaucoup à voir avec l'esprit sportif que l'on rencontre ici.

En dehors de la foule des manifestations de rang et d'intérêt internationaux, c'est surtout le public de Stuttgart qui s'est fait favorablement remarquer et qui a fondé cette réputation de ville sportive, parfois même de «capitale sportive». Certains affirment même que la vague La-Ola a été inventée ici, à la mesure de l'enthousiasme sportif que montrent les spectateurs depuis toujours.

Ce public de Stuttgart participe toujours, fait honneur à la performance autant qu'à l'engagement, rend hommage aux vainqueurs comme aux perdants, fait preuve de fair-play. A la suite des championnats du monde d'athlétisme en 1993, Stuttgart s'est vue décerner le prix de fair-play «Pierre de Coubertin» fondé par l'Unesco. Récompense pour l'atmosphère d'enthousiasme pendant les compétitions mais aussi pour le comportement des spectateurs d'un esprit sportif exemplaire.

Blick übers Gottlieb-Daimler-Stadion,
den Neckar und das Betriebsgelände von
DaimlerChrysler in Richtung Süden

A view over the Gottlieb-Daimler stadium,
the Neckar and the DaimlerChrysler factory
to the south

Vue sur le stade Gottlieb-Daimler, le Neckar
et le terrain de l'entreprise DaimlerChrysler
en direction du Sud

→

Karriere in Stuttgart begonnen:
DFB-Teamchef Jürgen Klinsmann

His career started in Stuttgart:
DFB football manager Jürgen Klinsmann

A démarré sa carrière à Stuttgart:
le chef de l'équipe DFB Jürgen Klinsmann

↓

Volles Haus

A full house

Le stade affiche complet

27

↑
Zwischen Schleyerhalle (vorne) und
Gottlieb-Daimler-Stadion entsteht
Stuttgarts neue Sport-Erlebniswelt

Stuttgart's new sports world will be built
between the Schleyerhalle (at the front)
and the Gottlieb-Daimler stadium

Entre la Schleyerhalle et le stade
Gottlieb Daimler se dresse le nouveau
centre sportif de Stuttgart

→
Fans feiern Fußballer: VfB-Anhänger

Supporters celebrate footballers: VfB fans

Les fans acclament les footballeurs:
supporters du VfB

↑

Kampf um die Lufthoheit

Battling for dominance in the air

Lutte pour la suprématie aérienne

→

Auf der Waldau in Degerloch:
die Stuttgarter Kickers

On the Waldau in Degerloch:
the Stuttgart Kickers

Sur la Waldau à Degerloch:
les «Stuttgarter Kickers» (Footballeurs
de Stuttgart)

Reitturnier im Grand-Prix-Format: Jedes
Jahr gibt's die „Stuttgart German Masters"

Grand-Prix riding tournament: the "Stuttgart
German Masters" takes place every year

Tournoi hippique format Grand Prix: chaque
année a lieu le «Stuttgart German Masters»

EVENTS

- **Turn-Gala**
- **Sechstagerennen**
- **Sparkassen-Cup; Leichtathletik-Hallen-Meeting**
- **Stuttgarter-Zeitung-Lauf**
- **Mercedes-Cup**
- **World Athletics Tour Final (Leichtathletik)**
- **Porsche Tennis Grand Prix**
- **Stuttgart German Masters Reitturnier**

Stuttgart hat Erfahrung mit der Austragung von Weltmeisterschaften und verfügt nicht zuletzt über die notwendigen Sportstätten. Insofern ist die Entscheidung für die Austragungsstätte Stuttgart auch nicht überraschend – egal, ob es um Spiele während der Fußball-Weltmeisterschaft, ein bedeutendes Leichtathletik-Event, um die Rad-, Turn- oder die Handball-WM geht.

Erfahrung hat Stuttgart aber auch mit der Austragung anderer sportlicher Großereignisse, vom Boxen über die Tennisturniere am Weißenhof und in Filderstadt bis hin zum Sechstagerennen oder einem der größten Hallenreitturniere der Welt.

Stuttgart has had experience of hosting world championships before. It has all the necessary first class sporting facilities, so it is hardly surprising that Stuttgart is often selected to be a host city, be it for matches during the World Cup, an important athletics meeting or cycling, gymnastics or handball world championships.

Additionally, Stuttgart has experience of organising other large sporting events, ranging from boxing to tennis tournaments, such as those in Weißenhof and Filderstadt, through to the six-day cycling races or one of the world's largest indoor riding tournaments.

Stuttgart a de l'expérience dans le déroulement de championnats du monde et dispose aussi des infrastructures sportives adéquates. Il n'est donc pas étonnant que Stuttgart soit choisie comme lieu de déroulement – qu'il s'agisse de matchs pendant la coupe du monde de football, d'un événement d'athlétisme important ou de coupes du monde de cyclisme, de gymnastique et de handball.

Stuttgart ne manque pas d'expérience non plus dans le déroulement d'autres grands évènements sportifs, de la boxe en passant par les tournois de tennis au Weißenhof et à Filderstadt jusqu'aux courses de six jours ou l'un des plus grands tournois hippiques mondiaux en salle.

Publikumsmagnet: das Sechstagerennen in der Schleyerhalle

Very popular with the public:
the six-day race in the Schleyerhalle

Attire toujours les foules: La Course
des six jours dans la Schleyerhalle

Nicht vorstellbar ist die Sportstadt Stuttgart schließlich ohne den VfB, den Verein für Bewegungsspiele, der immer schon nahe am Neckar den grünen Rasen beackerte, während die Stuttgarter Kickers, wie etliche andere Vereine auch – vom Rugby-Club bis zum Eiskunstlauf-Verein –, auf der Waldau in Degerloch ihre Heimat haben. Mögen die renommierten VfB-Kicker ihre Fans auch nicht immer beglücken und ihr Publikum mitunter einem Wechselbad der Gefühle aussetzen – meistens spielt der Club doch ganz ordentlich in der Fußballbundesliga mit. Außerdem sorgt er von Zeit zu Zeit dafür, dass im Gottlieb-Daimler-Stadion internationale Atmosphäre Einzug hält.

And what would Stuttgart be without the VfB Stuttgart, the local premier division football team based close to the Neckar? The other, smaller professional team, the Stuttgart Kickers, like many other clubs, be it rugby or ice-skating, are based up on the Waldau in Degerloch. Whilst the VfB players don't always completely satisfy their supporters, subjecting them to emotions which range from joy to tears, the club is usually somewhere near the top of league when the season closes. Occasionally it even manages to bring some international flair into the stadium when playing matches against other European teams.

Stuttgart ville sportive n'est enfin pas pensable sans le VfB, le «Verein für Bewegungsspiele» (Association des jeux de mouvement), qui a toujours travaillé le gazon sur les rives du Neckar, tandis que les «Stuttgarter Kickers» (Footballeurs de Stuttgart), au même titre que beaucoup d'autres associations sportives – du club de rugby à l'association de patin à glace artistique – sont implantés sur la Waldau à Degerloch. Même si les renommés «VfB-Kicker» ne ravissent pas toujours leurs fans et exposent parfois leur public à des douches écossaises émotionnelles – le plus souvent, le club joue très correctement dans la première division de football. Et grâce à lui de temps en temps, une atmosphère internationale règne dans le stade Gottlieb Daimler.

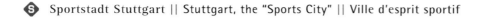

Nicht erst seit der Leichtathletik-WM hat sich Stuttgart den Ruf der Sportstadt erworben

Stuttgart's reputation as a sporting city began well before the athletics world championships.

Ce n'est pas seulement depuis les championnats du monde d'athlétisme que Stuttgart s'est taillée la réputation de ville du sport

↓

Ob Breitensport oder Spitzensport: Stuttgart hat von allem etwas zu bieten

Hobby sports or professional sports: Stuttgart has a little of everything to offer

Sport de masse ou sport d'élite: Stuttgart a tout à proposer.

Auch der weiße Sport ist in Stuttgart zu
Hause: beim Weißenhofturnier

Even the 'white' sport is at home in Stuttgart:
the Weißenhof tournament

Le sport «en blanc» est lui aussi chez lui à
Stuttgart: au tournoi de Weißenhof

Stadt der Wirtschaft
The industrial city
Un pôle économique

◇ Die Stuttgarter sind optimistisch. Sie glauben, dass es sich in ihrer Stadt und in ihrer Region auch in etlichen Jahren gut leben lässt. Das ergeben Umfragen mit schöner Regelmäßigkeit. Basis dieses Vertrauens sind die guten Wirtschaftsdaten. Die wiederum sind Grund genug, dass nach wie vor viele Menschen aus anderen Regionen Deutschlands ihr Glück ausgerechnet in Stuttgart suchen.

Die baden-württembergische Landeshauptstadt ist seit langem ein begehrter Firmenstandort. Die Region Stuttgart hat eine hohe Beschäftigtenquote und eine niedrige Arbeitslosenrate. Sie zählt zu den stärksten Wirtschaftsregionen in ganz Europa, hier finden sich mehr Fachkräfte und gut Ausgebildete als anderswo.

Weltweit operierende Konzerne, so genannte Global Players, wie DaimlerChrysler oder Bosch haben hier ihren Sitz, Perlen wie der profitabelste Autohersteller der Welt, Porsche, gleichfalls. Weltfirmen wie IBM haben ihre Deutschlandzentrale hierher verlegt. Doch auch jede Menge erfolgreicher mittelständischer Firmen, die in ihrer Branche, auf ihrem jeweiligen Feld Weltmarktführer sind oder zumindest ein gewichtiges Wörtchen im globalen Wettbewerb mitreden, sind in Stuttgart beheimatet. Hinzu kommen große und kleine High-Tech-Unternehmen sowie kapitalstarke Banken, Sparkassen und Versicherungen.

◇ The people of Stuttgart are optimistic. Regular surveys reveal that they believe the quality of life in Stuttgart and the surrounding region will continue at its current high level for many more years. Their confidence is based on the excellent economic figures which are reason enough for many others from regions across Germany to come to Stuttgart to try their luck.

The administrative capital of Baden-Württemberg has been a popular economic centre for years. The Stuttgart region has a high level of employment and a low unemployment rate. It is one of the most powerful economic regions in Europe and is home to more specialists and highly qualified workers than anywhere else.

Global players such as DaimlerChrysler or Bosch have their headquarters here as does the most profitable automobile manufacturer in the world, Porsche. Other major companies such as IBM have set up their German headquarters here. There are also numerous successful medium-sized companies located here that are either world leaders in their specific sectors, or at least major players in the world markets. In addition, the city is also home to a number of profitable banks, building societies and insurance companies - including the Central Bank of Baden-Württemberg, which is one of the biggest financial institutions in the Republic.

Bosch and Daimler are two special and yet typical examples of Stuttgart

◇ Les habitants de Stuttgart sont optimistes. Ils pensent que l'on pourra encore bien vivre à l'avenir dans leur ville et dans leur région. C'est ce que publient les sondages avec une belle régularité. A la base de cette confiance, les bons résultats économiques. Raison pour laquelle beaucoup de personnes d'autres régions d'Allemagne continuent à venir tenter leur chance justement à Stuttgart.

La capitale régionale du Bade-Wurtemberg est depuis longtemps un site économique convoité. La région de Stuttgart enregistre un taux élevé d'emplois et un taux de chômage bas. Elle compte parmi les régions économiques les plus dynamiques de toute l'Europe, elle rassemble plus de main-d'œuvre qualifiée et de personnel bien formé qu'ailleurs.

Des groupes opérant à l'échelle internationale, les dits Global Players, comme DaimlerChrysler ou Bosch, sont implantés ici, ainsi que des joyaux comme Porsche, le fabricant automobile le plus profitable au monde. Des firmes mondiales comme IBM ont choisi d'établir ici leur centrale allemande. Mais aussi une foule de firmes moyennes florissantes qui sont leader sur le marché mondial dans leur branche et leur secteur respectif ou qui ont tout au moins leur mot à dire au sein de la concurrence globale, sont situées à Stuttgart. A quoi viennent se joindre des grandes et petites entreprises de haute technologie ainsi que des banques à forts capitaux, des

Hoch hinaus: der neue LBBW-Turm
am Pariser Platz

The sky's the limit: the new LBBW tower
on Pariser Platz

Toute en hauteur: la nouvelle tour LBBW
sur la Pariser Platz

Die Landesbank Baden-Württemberg gehört zu den größten Geldhäusern der Republik.

Bosch und Daimler sind zwei ganz besondere und doch auch typische Stuttgarter Erfolgsgeschichten. Gottlieb Daimler präsentierte 1886 sein erstes Automobil: eine Kutsche, in die er einen seiner ersten schnelllaufenden Benzinmotoren einbaute. Wenig später hatte er die Werkstatt in einem Gewächshaus gegen eine ansehnliche Fabrik eingetauscht. 1926 – auch das gab's damals schon – fusionierte das Unternehmen mit der Mannheimer Benz & Cie zur Daimler-Benz AG. Ebenfalls 1886 gründete der 25-jährige Bauernsohn Robert Bosch seine „Werkstätte für Feinmechanik und Elektrotechnik" in der Rotebühlstraße. Die Belegschaft bestand aus dem Chef, einem Gesellen und einem Lehrling. Bosch schuf mit der elektromagnetischen Zündanlage für Motoren eine wichtige Voraussetzung für die stürmische Entwicklung des Kraftfahrzeugverkehrs.

success stories. In 1886, Gottlieb Daimler presented his first automobile, a coach, in which he had built one of his first high-speed petrol engines. After some time, Daimler swapped his workshop in the greenhouse for a smart new factory. In 1926 the company merged with the Mannheim based company Benz & Cie and became Daimler-Benz AG (yes, mergers happened even way back then!). Also in 1886, the 25 year-old farmer's son Robert Bosch founded his "Werkstätte für Feinmechanik und Elektrotechnik" (workshop for precision and electrical engineering) in Stuttgart's Rotebühl street. The workforce consisted of the boss, a journeyman and an apprentice. Bosch invented and developed the electromagnetic ignition system for motors, which proved to be a decisive element in the stormy development of motor vehicles.

caisses d'épargne et des sociétés d'assurance. La banque du Land (Landesbank Baden-Württemberg) compte parmi les plus grands instituts bancaires de la République.

Bosch et Daimler, deux histoires à succès originaires de Stuttgart, tout à fait particulières mais aussi typiques de la ville. Gottlieb Daimler présenta sa première automobile en 1886: un fiacre doté de l'un de ses premiers moteurs à essence à régime rapide. Peu de temps après, il avait troqué la serre qui lui servait d'atelier contre une belle usine. En 1926, déjà à cette époque, l'entreprise fusionna avec le groupe Benz & Cie de Mannheim en S.A. Daimler-Benz. De même, en 1886, Robert Bosch, ce fils de paysan alors âgé de vingt-cinq ans, créa son «atelier de mécanique de précision et d'électrotechnique» dans la Rotebühlstraße. Le personnel était composé du patron, d'un ouvrier qualifié et d'un apprenti. Grâce à la mise au point de l'allumage électromagnétique pour moteurs de voitures, Bosch a été à l'origine du développement très rapide de la circulation automobile.

Lehrlingsabteilung der Daimler-Motoren-Gesellschaft in Untertürkheim, gegründet 1916

The apprentice workshop at the Daimler-Motor-Gesellschaft in Untertürkheim, founded in 1916

Atelier d'apprentissage de la «Daimler-Motor-Gesellschaft» à Untertürkheim, créé en 1916

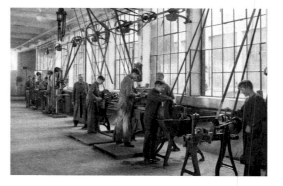

Mercedes verleiht Flügel –
ein alter, wiewohl legendärer SL

Mercedes with wings –
an old legendary SL

Mercedes donne des ailes –
une ancienne SL, pratiquement
légendaire

Mercedesstraße am Feierabend um 1910, Untertürkheim

The end of a working day on the Mercedesstraße in Untertürkheim around 1910

Sortie d'usine à la Mercedesstraße vers 1910 à Untertürkheim

Das Mercedes-Forum an der Heilbronner Straße

The Mercedes Forum on the Heilbronner Straße

Le forum Mercedes à la Heilbronner Straße

Das Flaggschiff von Mercedes: die S-Klasse

The Mercedes flagship: the S-class

Produit phare de Mercedes: la S-Klasse

Pionier: Robert Bosch 1888

Pioneer: Robert Bosch 1888

Un pionnier: Robert Bosch 1888

→

1920 im Boschwerk Feuerbach:
Fertigungshalle für Zündkerzen

1920 in the Bosch factory in Feuerbach: production hall for spark plugs

1920 dans l'usine Bosch de Feuerbach:
halle de fabrication pour les bougies

Neue Dimension der Materialprüfung: Mit
der „akustischen Kamera" können Bosch-
Wissenschaftler Schallfelder sichtbar machen

State-of-the-art material testing: the
Bosch scientists can use the "acoustic
camera" to make sound fields visible

Nouvelle dimension du contrôle du
matériel: avec la «caméra acoustique»,
les scientifiques de Bosch peuvent
rendre visibles les champs sonores

Haus Heidehof, Weiterbildungszentrum der Robert Bosch GmbH und Sitz der Bosch-Stiftung

Haus Heidehof, further training centre of the company Robert Bosch GmbH and the headquarters of the Bosch trust

Haus Heidehof, centre de formation continue de la Robert Bosch GmbH et siège de la Fondation Bosch

↓
Blick übers Industrieviertel in Feuerbach auf die Weinberge

A view over the industrial quarter in Feuerbach toward the vineyards

Vue sur le quartier industriel de Feuerbach sur les coteaux de vignobles

Maybach und Porsche – auch sie dürfen als Prototypen eben jener Tüftler und Erfinder gelten, die im Schwabenland seit jeher heimisch waren oder wurden. Ob's daran liegt, dass die Schwaben einfach klügere Leute sind? Oder daran, dass es keine Rohstoffe gab, weswegen umso größere Denkleistungen unternommen werden mussten? Ein wenig hat es sicher mit dem ausgeprägten Arbeitsethos im „Musterländle" zu tun. Klischee? Mitnichten, vielmehr Kulturgut und Tradition, welche man zu pflegen hat.

Wer's nicht glaubt, der achte auf die Sprache – sie verrät manches. „Schaffen" hat hier zu Lande einen eigentümlichen Klang. Wer schafft, schafft nicht allein um des Schaffens willen, er schafft Werte. Wer „beim Daimler" schafft, (er)schafft gar bleibende Werte, und wenn's ein „heiligs Blechle" ist. Wer schließlich von sich sagen kann, er gehe „ins Geschäft", tut dies gemeinhin mit einem salbungsvollen Unterton, gerade so, als handle es sich um einen Kirchgang.

Maybach and Porsche may also be considered as role models for every inventor who resides in or who has been drawn to Swabia. Are Swabians simply more clever? Or was it due to the fact that the lack of raw materials forced them to think more intensively? It probably has something to do with the predominant work ethic that exists in this region – and this is no cliché. On the contrary, it is much more a cultural and traditional characteristic worth upholding.

Anyone who is sceptical should take a look at the local language. "Schaffen" is Swabian for "to work" but encompasses much more than just "to work", it also means "to create". Anyone who works is not just working for the sake of working he is 'creating' something built to last – an intrinsic philosophy of all those employed at Daimler making cars. There is an important undertone whenever anyone says "I'm off to work" – almost as if they were going to church.

Maybach et Porsche, deux noms que l'on peut ajouter à la liste de ces premiers génies bricoleurs et inventeurs, par tradition originaires du pays souabe ou qui le sont devenus. Est-ce que cela tient au fait que les Souabes sont tout simplement plus intelligents que les autres? Ou bien est-ce dû au fait que la région n'offrait pas de matières premières et exigeait, par conséquent, l'entreprise d'efforts supplémentaires? Sans nul doute le doit-on en partie à la bonne dose d'éthique de l'ouvrier souabe. De purs clichés? Pas le moins du monde. Cela relève beaucoup plus d'un patrimoine, d'une tradition que l'on cultive.

Que celui qui n'en croit pas un mot fasse attention au langage, il trahit beaucoup de choses. Le mot «bosser» («schaffen») a une connotation particulière ici. Celui qui bosse ne le fait pas seulement dans le but de travailler, il bosse pour créer des valeurs. Le travailleur de «chez Daimler» crée des biens durables, même s'il s'agit d'une «fichue tôle». Celui qui, en parlant de soi, peut dire qu'il se rend «au boulot» («ins Geschäft») le fait d'ordinaire avec une nuance affectée dans la voix, comme s'il s'agissait d'une entreprise religieuse.

Kolbenhersteller Mahle
Mahle, the piston manufacturer
Le fabricant de pistons Mahle

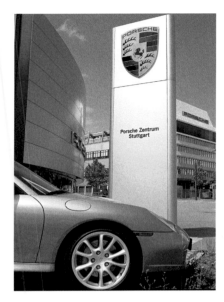

Porsche AG in Zuffenhausen

Porsche AG in Zuffenhausen

Porsche AG à Zuffenhausen

Der Ordner heißt Leitz

Files are Leitz

Le classeur s'appelle Leitz

→
Züblin-Zentrale in Möhringen

Züblin headquarters in Möhringen

Centrale Züblin à Möhringen

Immer wieder macht er von sich reden, dieser schwäbische Erfindergeist, der sich auch vor Entdeckungsreisen in die Marktnischen nicht scheut. Tüftler und Erfinder, heute nennt man sie häufig „Existenzgründer" – ohne sie wäre die Region Stuttgart mit ihren mehr als zweieinhalb Millionen Einwohnern kein so potenter Wirtschaftsstandort. Von hier konnte die Welt immerhin mit solch unterschiedlichen Erfindungen wie dem Auto (in Stuttgart stand auch noch die Wiege des VW-Käfers) oder dem Aktenordner, dem Bürokopierer oder dem Büstenhalter, dem Teddybär oder der Bausparkasse beglückt werden.

Ein Wirtschaftsgut sollte in keiner Wirtschaft (= Kneipe) fehlen: der Wein. Seine ökonomische Bedeutung ist im Vergleich mit anderen Produkten zwar eher gering. Doch darf er – gerade in Stuttgart – nicht unerwähnt bleiben.

The Swabian inventor spirit lives on and does not shy away from journeys of discovery into niche markets. Without these inventors, often called "entrepreneurs", the Stuttgart region, with its population of two and a half million, would not be the powerful economic location that it is today. This is the region that gave the world the car (even the VW Beetle was born here in Stuttgart), the office file, the office photocopier, the bra, the teddy bear and the building society.

There is one economic product that has yet to be mentioned – wine. Whilst its economic significance pales compared to other goods, it is a product that must be given credit especially here in Stuttgart.

Il fait toujours parler de lui, cet esprit d'invention souabe, qui n'a pas peur non plus de partir à la découverte de nouveaux créneaux de marché. Sans tous ces génies bricoleurs et inventeurs, aujourd'hui souvent appelés «créateurs d'entreprise», la région de Stuttgart, avec ses plus de 2,5 millions d'habitants, ne serait pas un centre économique aussi puissant. Il a su combler le monde de ses diverses inventions, comme l'automobile (rappelons que c'est à Stuttgart également que la coccinelle de Volkswagen a vu le jour), le classeur, la photocopieuse de bureau, le soutien-gorge, le «Teddybär» (ours en peluche) ou la caisse d'épargne-logement.

Un bien économique ne saurait manquer dans aucun bistro: le vin. Sa signification économique est certes relativement modeste par rapport à d'autres produits. Pourtant, il ne faut pas omettre de le mentionner, surtout ici à Stuttgart.

Stuttgart leuchtet – die Landesbank
Baden-Württemberg bei Nacht

Stuttgart shines – the state bank of
Baden-Württemberg at night

Stuttgart s'illumine – La Landesbank
Baden-Württemberg de nuit

↓
Lösungen für den Druck:
XSYS Print Solutions,
entstanden aus BASF Drucksystem
und ANI Printing Inks

XSYS: print solutions

XSYS: Solutions pour l'imprimerie

Blick vom Bahnhofsturm auf die
Innenstadt mit Altem Schloss, Rathaus, Tagblatt-Turm und Stiftskirche

A view from the train station tower
towards the city centre with the Old
Schloss, city council building, Tagblatt
tower and the Stifts church

Vue de la tour de la gare sur le centre-
ville avec le Altes Schloss (Ancien
Château), l'Hôtel de ville, la tour du
journal Tagblatt et la Stiftskirche
(église collégiale)

Konsumtempel: Breuninger

Consumer temple: Breuninger

Temple de la consommation: Breuninger

↓
Stätte von Bildung und Kultur:
das Rotebühl-Zentrum

Educational and cultural centre:
the Rotebühl centre

Lieu de formation et de culture:
le centre Rotebühl

45

Innen wie außen imposant:
das Haus der Wirtschaft

Imposing both inside and out:
the Haus der Wirtschaft

Imposante dedans comme dehors:
la Maison de l'Économie

Der Wein war schon im Mittelalter ein wichtiges Exportgut. Wie hieß es doch so schön in einem mittelalterlichen Spruch: „Wenn man zu Stuttgart nicht einsammelte den Wein, so würde bald die Stadt in Wein ersäufet sein!" Noch heute finden sich auf Stuttgarter Gemarkung beachtliche Rebflächen, und mancher Weinberg liegt sogar mitten im Häusermeer.

Als weicher Standortfaktor, der das Renommee befördert und das Lebensgefühl beflügelt, ist die Bedeutung des Weins gar nicht hoch genug einzuschätzen. Und so dürfen sich die Stuttgarter glücklich schätzen, dass nicht wenige Topwinzer, hier nennt man sie „Wengerter", in heimischen Weinbergen ihre Spitzenprodukte wie Trollinger, Lemberger, Riesling oder diverse Burgundersorten reifen lassen.

Und wie gelangen Stuttgarter Erzeugnisse hinaus in die Welt? Auf Autobahnen und in Zügen, vom großen Hafen am Neckar aus sowie ab Echterdingen – also vom Stuttgarter Flughafen auf den Fildern, einem der Airports mit den höchsten Wachstumsraten bei Passagieren und Fracht in Deutschland.

Even in the Middle Ages, wine was an important export commodity. There is a saying from the Middle Ages which goes: "If in Stuttgart, they didn't harvest the wine, in time, the town would be drowned in wine!" Even today there are large areas covered in vines within the city's boundaries, some even right in the middle of residential districts.

As a soft location factor which enhances the city's reputation and encourages its "joie de vivre", the significance of wine cannot be mentioned often enough. The people of Stuttgart are proud of the fact that some of the best winegrowers grow their first class products such as Trollinger, Lemberger, Riesling and a wide range of Burgundy variants here.

And how do these products reach the rest of the world you may ask? Along the motorways and in trains, from the large harbour on the Neckar river and from the Stuttgart airport in Echterdingen, which has the highest rates of passenger and freight growth in Germany.

Le vin était déjà au Moyen-Age, un produit d'exportation important. Comme le dit si bien cet adage médiéval: «Si on ne récoltait pas le vin à Stuttgart, la ville succomberait rapidement à la noyade.» Aujourd'hui encore, des surfaces viticoles non négligeables se trouvent encore sur le territoire de Stuttgart et certains vignobles sont même cultivés au beau milieu des habitations.

On ne peut assez estimer l'importance du vin comme facteur de renommée du site et symbole d'un art de vivre. Et les habitants de Stuttgart peuvent s'estimer heureux que maint vigneron de haut rang, on les appelle ici les «Wengerter», fasse mûrir dans les vignobles du coin ses produits de première catégorie comme le Trollinger, le Lemberger, le Riesling ou diverses sortes de Bourgogne.

Et comment ses produits issus de Stuttgart parviennent-ils dans le monde? Par les autoroutes et les trains, à partir du grand port sur le Neckar et à partir d'Echterdingen – à savoir de l'aéroport de Stuttgart «auf den Fildern», l'un des aéroports d'Allemagne possédant les taux de croissance les plus élevés pour le trafic passagers et le fret.

Universität Vaihingen

The University of Vaihingen

Université de Vaihingen

Hysolar Forschungsinstitut

Hysolar research institute

Institut de recherche Hysolar

Stuttgarts Tor zur Welt:
der Flughafen auf den Fildern

Stuttgart's gateway to the world:
the airport on the Fildern

La porte de Stuttgart sur le monde:
l'aéroport sur les Fildern

Der Neckar – Wasserstraße für Lastkähne

The Neckar – a waterway for barges

Le Neckar – voie d'eau pour les péniches

↓

Zwischen Inselbad und Stadion:
die Werke von DaimlerChrysler

The DaimlerChrysler factory between
the 'Insel' baths and the stadium

Entre «Inselbad» et stade: les usines
de DaimlerChrysler

Anfahrt auf Stuttgart

Arrival in Stuttgart

Arrivée à Stuttgart

Einem Kirchenschiff nicht unähnlich:
der Stuttgarter Bahnhof

Not unlike a nave: the Stuttgart
train station

Un peu semblable à la nef d'une église:
la gare de Stuttgart

Auch ein Wirtschaftsfaktor: Wein

Also an economic factor: Wine

Également un facteur économique: le vin

Lange Zeit die größte Baustelle im Land:
Neue Messe nahe dem Flughafen

For a long time, the biggest building site in
the state: the new exhibition centre near the
airport

Longtemps le plus gros chantier du pays:
le nouveau terrain de foire près de l'aéroport

Stadt der Kultur
The cultural city
Ville de culture

◇ Stuttgart hat ein neues Wahrzeichen: das städtische Kunstmuseum
am Schlossplatz. Weithin sichtbar
steht es für das neue, das vielen noch
unbekannte Stuttgart. Eine Stadt
der Kultur und der Architektur, eine
Stadt, in der sich auch dann noch
etwas bewegt, wenn anderswo Still-
stand herrscht und die Kassen leer
sind. „Der reinste Zauberwürfel!", rief
eine in Frankfurt erscheinende
Zeitung aus. „Stuttgart ist schön!",
stellte ein Berliner Blatt lapidar fest.

Das weist auf einen Wandel
Stuttgarts nicht nur im Bewusstsein
hin. Nicht immer und nicht überall
hatte die baden-württembergische
Landeshauptstadt einen guten Ruf.
Vielleicht begünstigte auch der
typisch schwäbische Hang zur Selbst-
geißelung dieses Klischee. Die Realität
sieht anders aus. Werkstätten der
bildenden Kunst, Galerien und
Museen sind zahlreicher als anders-
wo. Die Oper genießt europaweit
Ansehen und wurde wiederholt zum
Opernhaus des Jahres gekürt. Das
Schauspiel hat einen glänzenden Ruf.
Hier begann zum Beispiel Claus
Peymann seine Theaterkarriere.

Ein Markenzeichen geradezu ist
das Ballett. Unvergessen das Stuttgarter Ballettwunder des legendären
John Cranko, der in den 60er Jahren
den Ruhm der Stuttgarter Kompagnie
begründete. Das Friedrichsbau-Variete
spielt an geschichtsträchtigem Ort,
denn ganz in der Nähe hatten Klein-
kunst, Comedy und Artistik schon

◇ The municipal art museum on the
Schlossplatz is Stuttgart's new hallmark.
An eye-catcher, it stands for the new
Stuttgart that is unknown to many – a
city full of cultural and architectural
highlights, a city where things are
moving when everywhere else has come
to a standstill and the purses are empty.
"A magic cube!" were the words used
by a newspaper in Frankfurt. "Stuttgart
is beautiful!" stated a paper in Berlin
succinctly.

These statements reflect the change
taking place in Stuttgart both cons-
ciously and subconsciously. The administrative centre of Baden-Württemberg
has not always enjoyed such a good
reputation, although this cliché has
probably been further exaggerated by
the typical Swabian tendency to put
themselves down. In reality, things are
very different. There are more sculpture
workshops, galleries and museums
than anywhere else. The city opera is
famous throughout Europe and has
again won the Opera of the Year award.
The local theatre also enjoys an excellent reputation. In fact this is where
Claus Peymann started his theatre
career.

One trademark is the city's ballet.
Who could forget the Stuttgart ballet
wonder of the legendary John Cranko
who was the driving force behind the
acclaim awarded to the Stuttgart
company in the sixties? The Friedrichsbau Variety is located at an historically
important site close to the artistic and
comedy theatres that had their heyday

◇ Stuttgart possède un nouvel
emblème: le musée d'Art municipal am
Schlossplatz. Visible de loin, il est le
symbole du nouveau visage de Stuttgart, encore inconnu de beaucoup.
Une ville de culture et d'architecture,
une ville qui bouge alors qu'ailleurs,
l'immobilisme règne, faute de moyens
financiers. «Un vrai cube magique!»,
lançait un journal paru à Franfort.
«Stuttgart est belle!», constatait briève-
ment un journal berlinois.

Ceci renvoie à une métamorphose
de Stuttgart, pas seulement dans sa
prise de conscience. Car la capitale
régionale du Bade-Wurtemberg n'a pas
toujours eu partout très bonne réputation. Peut-être la tendance typique-
ment souabe à l'autoflagellation favori-
sa-t-elle ce cliché. Mais la réalité est
tout autre. Ateliers d'arts plastiques,
galeries et musées sont plus nombreux
qu'ailleurs. L'opéra jouit d'une considé-
ration européenne et a une fois de plus
été couronné opéra de l'année. Le
théâtre jouit d'une brillante réputation.
C'est ici par exemple que Claus Peymann a commencé sa carrière théâtrale.

Ses ballets sont une véritable
signature. Inoubliable le « miracle de la
danse classique de Stuttgart » dû au
légendaire John Cranko qui fonda dans
les années 60 la célébrité de la compa-
gnie de Stuttgart. Le «Friedrichsbau-
Variete» joue dans un lieu riche
d'histoire car tout à côté, cabarets,
cafés-théâtres et artistes étaient déjà
en vogue dans les années 20. Une
autre institution: le «Renitenztheater»

Stuttgarts neues Wahrzeichen:
das Kunstmuseum am Schlossplatz

Stuttgart's new hallmark:
the art museum on the Schlossplatz

Nouvel emblème de Stuttgart: le Kunstmuseum
(Musée d'Art) sur la Schlossplatz

in den 20er Jahren Konjunktur. Eine Institution ist auch das Renitenztheater, wo schon mancher Kabarettist klein anfing, bevor er ins Fernsehen kam – wie etwa Matthias Richling, der das Schwäbische auch außerhalb der Landesgrenzen zu einem bekannten und populären Dialekt gemacht hat.

Eine Spielstätte ganz anderer Art ist das Theaterhaus: Einst Hort der Alternativkultur, ist es heute aus dem kulturellen Leben der Stadt nicht mehr wegzudenken. Alle Sinne werden auf dem Pragsattel entfacht, wohin das Theaterhaus nach seinen Anfängen in Stuttgart-Wangen gezogen ist. Zu einer Art Bürgerhaus für Kultur, Bildung und Information hat sich schließlich der Treffpunkt Rotebühlplatz entwickelt, der täglich bis zu 3000 Menschen anlockt.

in the 20s. A further important institution is the Renitenz theatre where many a cabaret star started out before breaking into television – for example Matthias Richling, who has made the Swabian accent and dialect popular well beyond the state's borders.

The Theaterhaus is a location of a completely different kind. Once home to alternative cultural programmes, it is now a permanent feature on the cultural map of the city and is located on the Pragsattel after moving from its humble beginnings in Stuttgart-Wangen. The Treffpunkt Rotebühlplatz has become a meeting point focussing on cultural, educational and informational issues and attracts up to 3000 visitors every day.

où bien des cabarettistes ont fait leurs débuts avant de passer à la télévision, parmi eux, Matthias Richling qui a su rendre populaire le dialecte souabe également en dehors des frontières régionales.

Le «Theaterhaus» est un lieu de spectacle d'un tout autre type: autrefois berceau de la culture alternative, il est aujourd'hui incontournable dans la vie culturelle de la ville. Tous les sens sont décuplés «auf dem Pragsattel», où le «Theaterhaus» s'est établi après avoir commencé à Stuttgart-Wangen. Le point de rencontre de la Rotebühlplatz enfin est une sorte de maison communale pour la culture, la formation et l'information et attire chaque jour jusqu'à 3000 personnes.

Genießt seit den 60er Jahren Weltruhm: das Stuttgarter Ballett

World famous since the 1960s: the Stuttgart Ballet

Célèbre dans le monde entier depuis les années 60: le ballet de Stuttgart

Die Stuttgarter Oper, vielfach beehrt
und gewürdigt, hat im Großen Haus der
Württembergischen Staatstheater ihre
Heimstatt.

The Stuttgart opera, often honoured and
praised, is based in the Großen Haus of the
Württemberg State Theatre.

L'Opéra de Stuttgart, tant de fois récompensé
et honoré, est logé dans la grande salle du
Théâtre d'État du Wurtemberg.

Der Stuttgarter Hafen als Plattform für
Konzerte und Shows: „Singing River"

The Stuttgart harbour as a platform for concerts
and shows: "Singing River"

Le port de Stuttgart comme plateforme pour
concerts et shows : «Singing River»

↓

Theater der Welt – am Eckensee im
Oberen Schlossgarten

Theatre of the world – by the Eckensee
in the upper Schlossgarten

Théâtre du monde – au bord du lac
Ecken dans les jardins supérieurs du
château

Musical-Metropole Stuttgart –
im Möhringer SI-Centrum finden sich zwei
Musicaltheater

Musical metropolis Stuttgart – there are
two music halls in the SI centre in Möhringen

Stuttgart, métropole du music-hall–
Le Centre SI de Möhringen abrite deux
théâtres de music-hall

Begründeten einst Stuttgarts Ruhm
als Hip-Hop-Hauptstadt Deutschlands:
die Fantastischen 4

The founders of Stuttgart's fame as
the hip-hop capital of Germany: die
Fantastischen Vier

Ont fondé la célébrité de Stuttgart
en tant que capitale du Hip-Hop
en Allemagne: les «Fantastischen 4»
(4 Fantastiques)

↓
Echt cool: Massive Töne

Real cool: the band Massive Töne

Super cool: Massive Töne

Aus dem Kulturleben der Stadt nicht mehr wegzudenken: das Theaterhaus am Pragsattel, eine Stätte für Musik, Tanz und Theater

A permanent part of the cultural landscape in Stuttgart: the Theaterhaus on the Pragsattel, a place of music, dance and theatre

La vie culturelle de la ville serait impensable sans lui: le théâtre «am Pragsattel», lieu de musique, de danse et de théâtre

Stuttgart ist aber auch eine Musik-stadt: Zwei Musical-Theater in Stutt-gart-Möhringen locken Gäste von Nah und vor allem Fern in die Stadt. Außerdem prägen Helmuth Rillings Internationale Bachakademie sowie die Internationalen Schloßfestspiele im benachbarten Ludwigsburg das musikalische Profil der Region. Zeitweise war Stuttgart sogar Hip-Hop-Hauptstadt Deutschlands, was vor allem mit dem sagenhaften Aufstieg der Fantastischen Vier, der Fanta 4, zu tun hatte.

In städtebaulicher Hinsicht erschließen sich Stuttgarts Reize erst auf den zweiten Blick. „Die kleinen Hauptstädte Deutschlands gleichen Athen", soll ein von Stuttgart begei-sterter Franzose im 19. Jahrhundert ausgerufen haben. Seither haben der Zweite Weltkrieg und das Leitbild von der autogerechten City, das in den 60er Jahren die Stadtentwicklung diktierte, das Gesicht Stuttgarts ein-schneidend verändert.

However, Stuttgart is also a musical city: there are two stage-show theatres in Stuttgart-Möhringen that attract guests from far and wide into the city. Helmuth Rilling's International Bach Academy and the International Schloss festival in neighbouring Ludwigsburg have also helped to establish the musical profile of the region. For a time, Stuttgart was even Germany's Hip-Hop capital, mainly thanks to the comet-like rise of a local group the "Fantastischen Vier", aka Fanta 4.

As far as the town itself goes, Stuttgart's charm grows on you. In the 19th century, a Stuttgart enthusiast from neighbouring France was alleged to have declared "The smaller cities in Germany are like Athens". Since then, the face of Stuttgart has changed dra-matically, due mainly to the Second World War and the need in the sixties to expand the city to meet the needs of the ever-increasing traffic.

Mais Stuttgart est aussi une ville musi-cale: deux théâtres de music-hall à Stuttgart-Möhringen attirent des spec-tateurs de tous les coins du monde dans la ville. En outre l'Internationale Bach-akademie d'Helmuth Rilling ainsi que le Festival du château de Ludwigsburg marquent de leur empreinte le profil musical de la région. Stuttgart a même été de temps à autre la capitale alle-mande du hip-hop, ce qui est surtout lié à l'ascension fabuleuse des «Fanta 4» (Les 4 Fantastiques).

Du point de vue de l'architecture urbaine, les charmes de Stuttgart ne se révèlent qu'au deuxième coup d'œil. «Les petites capitales de l'Allemagne ressemblent à Athènes!» se serait excla-mé, au XIXe siècle, un Français enchanté par la ville de Stuttgart. Depuis, la Deuxième Guerre mondiale et les amé-nagements effectués dans les années soixante pour les besoins de la circula-tion automobile ont radicalement changé le visage de la ville.

Lust am Spiel: das Stuttgarter Varieté im Friedrichsbau

Great productions: the Stuttgart Variety in the Friedrichsbau

Plaisir de la scène: le théâtre de variétés de Stuttgart dans le Friedrichsbau

↑
Die Liederhalle, auch ein architekto-
nisches Kleinod

The Liederhalle, also an architectural gem

La Liederhalle, elle aussi un joyau de
l'architecture

→
Denker vor dem Friedrichsbau

The thinker in front of the Friedrichsbau

Penseur devant le Friedrichsbau

↑
Schloss Rosenstein im Unteren
Schlossgarten

Schloss Rosenstein in the lower
Schlossgarten

Château Rosenstein dans les jardins
inférieurs du château

→
Naturkundemuseum im Schloss
Rosenstein

Natural science museum in the Schloss
Rosenstein

Musée de sciences naturelles dans
le château Rosenstein

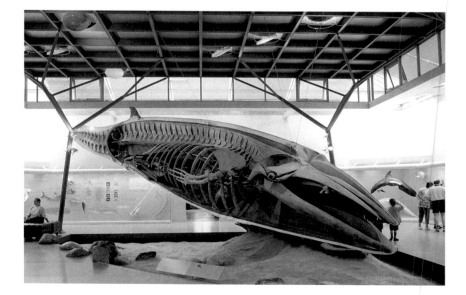

Die Krone der württembergischen Könige von 1806 und der Talheimer Altar: Das Württembergische Landesmuseum im Alten Schloss birgt bedeutende Kunstschätze

The crown of the Württemberg kings dating back to 1806 and the Talheimer Altar: The Württemberg State Museum in the Old Schloss is home to important cultural treasures

La couronne des rois du Wurtemberg de 1806 et l'autel de Talheim: le Musée régional du Wurtemberg dans l'Ancien Château abrite des trésors artistiques importants

Renaissance-Arkaden im Innenhof des Alten Schlosses

Renaissance arcades in the inner court of the Old Schloss

Arcades Renaissance dans la cour intérieure de l'Ancien Château

Als historische Bausubstanz verdienen die Stiftskirche, das Alte Schloss mit seinen herrlichen Renaissance-Arkaden, der Schillerplatz, das Neue Schloss und der repräsentative Schlossplatz mit der Jubiläumssäule besondere Erwähnung. Ein geschlossenes Stadtbild wird man freilich vergebens suchen. Interessierte finden allerdings einige ungewöhnliche Zeugnisse des Städtebaus. Architektur der Moderne hat in Stuttgart sogar Tradition: In den 20er Jahren des 20. Jahrhunderts wurde die Stadt als Schauplatz für ein einzigartiges Experiment auserkoren. Auf dem Weißenhof entstand eine Werkbundsiedlung, mit der die Idee vom „neuen Wohnen" verwirklicht wurde, noch bevor der Bauhaus-Stil Maßstäbe setzte. Um das Ideal vom offenen, rationalen Wohnen zu verwirklichen, gab sich die internationale Crème der Architekten ein Stelldichein: Ludwig Mies van der Rohe etwa, Le Corbusier, Walter Gropius oder Hans Scharoun. Für die Nazis war die Siedlung Teufelswerk, sie verhöhnten den Weißenhof als „Araber-Dorf".

Some of the most important historical buildings are the Stifts church, the "Old Schloss" with its wonderful Renaissance arcades, the "Schillerplatz", the "New Schloss" and the representative "Schlossplatz" with its Jubilee column. Whilst the city cannot claim a distinctive skyline of its own, Stuttgart does have some unusual architectural features. Modern architecture is traditional in Stuttgart. In the twenties, Stuttgart was selected to be the centre of a unique experiment. In Weißenhof, a housing estate was built for factory workers. This was developed to incorporate the idea of "new living", even before the Bauhaus style made its mark. The elite of the international architectural world, Ludwig Mies van der Rohe, Le Corbusier, Walter Gropius and Hans Scharoun all gathered to realise the idea of open, rational living. The Nazis thought the estate was the work of the devil and called it the "Arabian village".

Ne manquons pas de citer pour les bâtiments historiques encore existants la «Stiftskirche» (église collégiale), le «Alte Schloss» (ancien château) avec ses magnifiques arcades Renaissance, la Schillerplatz, le «Neue Schloss» (nouveau château) et la représentative Schlossplatz avec la colone du jubilé. On cherchera en vain une image homogène de la ville. Mais ceux qui s'y intéressent découvriront toutefois quelques témoignages exceptionnels de la construction urbaine. Car l'architecte moderne a une tradition à Stuttgart: dans les années vingt, la ville fut choisie pour la réalisation d'une expérience plutôt unique. Dans le quartier de Weißenhof, on construisit une cité ouvrière qui concrétisait l'idée d'un «nouvel habitat», avec ses réalisations claires et dépouillées, précédant l'école du Bauhaus dans ses principes. Pour réaliser cet idéal d'un habitat ouvert et rationnel, la crème internationale des architectes s'y était donné rendez-vous, parmi eux, Ludwig Mies van der Rohe, Le Corbusier, Walter Gropius et Hans Scharoun. Pour les Nazis, la cité était un ouvrage diabolique, comparant le Weißenhof à un «village arabe».

Einst stand hier eine Wasserburg: das Alte Schloss

A castle with a moat used to stand here: the Old Schloss

Autrefois se dressait ici un château d'eau: l'Ancien Château

Modern und heiß diskutiert:
Segel in der Stiftskirche

Modern and controversial: the sails in
the Stifts church

Modernes et très controversées:
les voiles de la Stiftskirche

Verliebt ins Ornament:
Jugendstilfassade eines Bürgerhauses

A love of the ornamental:
a house with an Art Nouveau facade

Amoureuse des ornements :
la façade Art Déco d'une maison bourgeoise

Beinahe wäre es nach dem Krieg
abgerissen worden: das Neue
Schloss, links daneben der Landtag

It was almost demolished after the
war: the New Schloss; on the left the
government building

A failli être détruit après la guerre:
le Nouveau Château, à gauche à côté
du Parlement

Nur für die Lust: Schloss Solitude.
Deutlich erkennbar ist auch die
Achse, die es mit Ludwigsburg
verbindet

Built for passion: Schloss Solitude.
You can clearly see the axis that
connects it to Ludwigsburg

Pour le plaisir: le château Solitude.
Reconnaissable aussi à l'axe qui le relie
à Ludwigsburg

Bauhaus in Stuttgart:
die Werkbundsiedlung Weißenhof

Bauhaus in Stuttgart:
the Weißenhof estate

Bauhaus à Stuttgart:
la cité ouvrière de Weißenhof

HIGHLIGHTS

- Altes Schloss
- Neues Schloss
- Alte und Neue Staatsgalerie
- Grabkapelle auf dem Württemberg
- Großes Haus
- Kunstmuseum
- Lapidarium
- Liederhalle
- Schillerplatz
- Schloss Solitude
- Stiftskirche
- Veitskapelle in Mühlhausen
- Weißenhofsiedlung

Das erste in Sichtbeton errichtete Hochhaus
Deutschlands: der Tagblatt-Turm

The first high-rise building in Germany to be
built with exposed concrete: the Tagblatt tower

Le premier building d'Allemagne construit en
béton apparent: la tour du journal Tagblatt

Kunst im Foyer der LBBW in
der Königstraße

Art in the foyer of the LBBW
in Königstraße

Art dans le foyer de la LBBW dans
la Königstraße

Ungewöhnliche Akzente setzte auch
der Bahnhof von Paul Bonatz
(1914–28), imposant in den Propor-
tionen und klar in seiner Antwort auf
den überladenen Historismus. Oder
der von Ernst Otto Oßwald errichtete
18-geschossige Tagblatt-Turm
(1924–28), das erste in Sichtbeton
erbaute Hochhaus Deutschlands.
Es ist zugleich ein Symbol für die
Aufbruchsstimmung jener Jahre,
der sich auch ein russischer Schriftsteller nicht entziehen konnte, den
es seinerzeit nach Stuttgart verschlug.
„Was die moderne Architektur
anlangt, so ist Stuttgart Amerika",
schwärmte er.

Nicht weniger spektakulär ist
der Fernsehturm (1954–56) von Fritz
Leonhardt und Erwin Heinle, ein
Wahrzeichen seit 50 Jahren. Als weltweit erster Fernsehturm in Spannbe-
ton wurde das 217 Meter hohe, auch
ästhetisch formvollendete Bauwerk
zum Vorbild zahlreicher Sendetürme
überall auf der Welt.

Paul Bonatz also left his unusual mark
in the shape of the train station
(1914–28): with its imposing proportions it was a direct modern counter
to the city's historical architecture.
Ernst Otto Oßwald built the 18 storey
"Tagblatt Tower" (built between
1924–28) which was the first multi-
storey building in Germany to be constructed with exposed concrete. It is a
spectacular symbol for the changing
times of that era. A Russian writer was
enthralled: "As far as modern architecture is concerned, Stuttgart is America."

The Television Tower (1954–56)
designed by Fritz Leonhardt and Erwin
Heinle is just as spectacular and has
almost become a trademark. It was the
first television tower of its kind in the
world. It is constructed of pre-stressed
concrete, is 217 metres tall and is
aesthetically perfectly formed. It soon
became the model for numerous trans-
mission towers all over the world.

La gare de Paul Bonatz (1914–28) est
un bel exemple d'architecture moderne,
imposante dans ses proportions et don-
nant une réponse claire à l'éclectisme
surchargé. Ou bien la tour à dix-huit
étages du Tagblatt (1924–28), érigée
par Ernst Otto Oßwald, premier im-
meuble au monde à présenter une façade en béton brut. Elle symbolise en
même temps, de façon spectaculaire,
l'atmosphère d'essor qui régnait à cette
époque et à laquelle un écrivain russe
qui séjournait à l'époque à Stuttgart
ne put non plus échapper. «En matière
d'architecture moderne, Stuttgart,
c'est l'Amérique», disait-il avec enthou-
siame.

Non moins spectaculaire, la tour de
télévision (1954–56) de Fritz Leonhardt
et d'Erwin Heinle, devenue depuis
cinquante ans une figure embléma-
tique. Première tour de télévision
au monde qui ait été réalisée en béton
armé, cette construction haute de
217 mètres et à l'esthétique parfaite est
devenue un modèle pour de nombreuses tours émettrices partout dans
le monde.

Monumental: der Hauptbahnhof von Bonatz.
Zeitgenossen sahen in ihm eine Kathedrale
des Fortschritts

Monumental: Bonatz's train station. His
contemporaries called it a cathedral of progress

Monumentale: La gare centrale de Bonatz.
Des contemporains voyaient en elle une
cathédrale du progrès

Denkmal der postmodernen Architektur:
Stirlings Neue Staatsgalerie

A major piece of post-modernism:
Stirling's New State Gallery

Monument de l'architecture postmoderne: la Neue Staatsgalerie (Musée
d'Art contemporain) de Stirling

Die Musikhochschule an der Konrad-Adenauer-Straße, Stuttgarts Kulturmeile

The Music College in the Konrad-Adenauer-Straße, Stuttgart's cultural mile

Le Conservatoire de musique dans la Konrad-Adenauer-Straße, un pilier culturel de Stuttgart

↓
Beim Haus der Geschichte

Near the House of History

A la Maison de l'Histoire

→
Wo der Schlossplatz in die Königstraße übergeht: am Kunstmuseum

Where the Schlossplatz meets the Königstraße: by the Art Museum

Là où la Schlossplatz se poursuit dans la Königstraße: au Kunstmuseum (Musée d'Art)

In den 70er und 80er Jahren entstanden die Neue Staatsgalerie und das Kammertheater an der Konrad-Adenauer-Straße, der so genannten Kulturmeile. Der seinerzeit nicht unumstrittene Bau James Stirlings, ein Hauptwerk der Postmoderne, verblüfft noch viele Jahre später – wegen seiner Monumentalität, seiner vielfältigen Formen, Brechungen und Farben. Ganz andere Zeichen hat Günter Behnisch gesetzt. Stets misstrauisch gegenüber Machtgebärden und Statussymbolen bevorzugte er eine transparente Architektur. Was auch in seiner Heimat zu besichtigen ist: am Hysolar-Institut in Vaihingen oder am „Bollwerk" der Landesbank Baden-Württemberg (1997).

In the 70s and 80s the new State Gallery and Chamber Theatre were constructed in the Konrad-Adenauer-Straße, the so-called cultural mile. The building designed by James Stirling, which was a source of controversy in its day, is a major piece of post-modernism and, years later, the building continues to amaze because of its monumental size, and its varieties of shapes, refractions and colours. Günter Behnisch made his mark quite differently. Always distrustful of gestures of power and status symbols, he preferred transparent architecture which can be seen in his hometown of Stuttgart - for example the Hysolar Institute in Vaihingen or the "Bollwerk (stronghold)" of the Baden-Württemberg's Central Bank (1997).

Les années soixante-dix et quatre-vingt virent la naissance de la Neue Staatsgalerie (musée d'Art contemporain) et du Kammertheater (petit théâtre) dans la Konrad-Adenauer-Straße, la dite rue de la culture. Ce complexe de James Stirling, oeuvre majeure de l'architecture postmoderne et objet de controverse, suscite toujours l'étonnement bien des années après, par son caractère monumental, la diversité de ses formes, de ses angles de réfraction et de ses couleurs. D'un tout autre type sont les témoignages laissés par Günter Behnisch. Eternellement méfiant vis-à-vis des démonstrations du pouvoir et des symboles étatiques, il privilégie une architecture transparente que l'on peut voir aussi dans sa ville d'origine, à l'Institut Hysolar de Vaihingen et au «Bollwerk» (bastion) de la Landesbank Baden-Württemberg (1997).

Hier wird Politik gemacht:
der Landtag

Home to the government:
the state parliament building

Ici se jouent les affaires politiques:
le Parlement

↓
Aussichten und Durchblicke
am Hotel Le Meridien

Views and aspects near the
Le Meridien hotel

Perspectives et vues de l'Hôtel
Le Méridien

LBBW am Bollwerk, von
Behnisch erbaut

LBBW in a stronghold built
by Behnisch

LBBW am Bollwerk, érigée
par Behnisch

Hinzugekommen sind in jüngster Zeit – neben anderen Bauten – der filigrane Killesbergturm von Jörg Schlaich und das gläserne Privathaus von Werner Sobek, die Visitenkarten zweier internationaler Stars in Sachen Konstruktion und Ingenieurskunst, der runde Turm der LBBW am neuen Pariser Platz nahe dem Bahnhof sowie das Mercedes-Benz Museum in Cannstatt. Letzteres hat die Form einer Doppelhelix und ist eine weithin sichtbare, höchst ungewöhnliche Bauskulptur.

Further additions in recent years are the intricate Killesberg tower by Jörg Schlaich and the glass private house of Werner Sobek, as well as the calling cards of two international stars in the construction and engineering world, the round tower of the LBBW on the new Pariser Platz next to the train station, and the Mercedes-Benz museum in Cannstatt. The latter is shaped like a double-helix and is a visible, highly unusual building sculpture.

Sont venus s'ajouter récemment – en dehors d'autres constructions – la délicate tour Killesberg de Jörg Schlaich et la maison de verre privée de Werner Sobek, cartes de visite de deux stars internationales en matière de construction et d'art de l'ingénierie, la tour ronde de la LBBW à la neue Pariser Platz près de la gare ainsi que le musée Mercedes-Benz à Cannstatt. Visible de loin, ce dernier a la forme d'une double hélice, bâtiment-sculpture au concept tout à fait exceptionnel.

Schlaichs Aussichtsturm im Killesberg-Park

Schlaich's viewing tower in the Killesberg park

Tour panoramique de Schlaich dans le parc de Killesberg

→

Mercedes-Benz Welt mit dem neuen Mercedes-Benz Museum. Architekten: UN Studio, van Berkel & Bos, Niederlande

The Mercedes-Benz world with the new Mercedes-Benz museum. Architects: UN Studio, van Berkel & Bos, The Netherlands

Le monde de Mercedes-Benz avec le nouveau musée Mercedes-Benz. Architectes: UN Studio, van Berkel & Bos, Pays-Bas

Colorado-Platz in Vaihingen

The Colorado Platz in Vaihingen

Place Colorado à Vaihingen

↓ und →
Preisgekrönte Architektur auch im Umland:
das Stadthaus von Ostfildern im
Scharnhauser Park

There is even prize-winning architecture in the
surrounding regions: the Ostfildern town house
in the Scharnhauser park

Architecture couronnée de prix aussi dans les
environs: la maison municipale d'Ostfildern
dans le parc de Scharnhaus

Stadt der Bürger
The citizens' city
Ville de citoyens

◇ Was die Stuttgarter für Menschen sind? Fangen wir mit den Vorurteilen an. Sie sind ein bisschen richtig und manchmal auch falsch.

Beispiele? Da wäre das Vorurteil vom „Entaklemmer", dem giftiggalligen Geizhals. Oder das von den Kehrwöchnerseelen, die selbst den Gehweg so pflegen, dass man dort eine Mahlzeit einnehmen könnte. Natürlich gibt es auch Urteile: die einen fundiert, die anderen weniger. Schließlich sind die „G'schmäcker" verschieden. Wilhelm von Humboldt etwa konstatierte an Stuttgart einen gewissen Mangel an Grazie, wohingegen Otto von Bismarck von der Gastfreundschaft sehr angetan war. Wilhelm Raabe wiederum – immerhin hielt er's über acht Jahre lang in Stuttgart aus – mokierte sich in einem Brief an seinen Schwager: „Da muß ich Dich denn bei allem, was verständig und vernünftig ist, bitten, diese idealische, zärtliche Besorgnis um den deutschen Süden so schnell als möglich abzulegen. Vierzehn Tage hiesigen Aufenthalts würden Dich und manchen wackern Norddeutschen auf das gründlichste davon kurieren. Die anständigen wohlmeinenden Leute sitzen natürlich auch hier, aber so sporadisch eingesprengt wie sonst nirgends."

◇ What are the people of Stuttgart like? Let's start with the negatives. They are a little bit true and sometimes a little false.

It is said that they are parsimonious, mean and scrooge-like and they take their "cleaning week" duties so seriously that one could eat off the pavement afterwards. There are of course, other clichés, some of which are true, others less so, but at the end of the day you have to form your own opinion. Wilhelm von Humboldt noticed a certain lack of grace in Stuttgart, whereas Otto von Bismarck was very taken with the hospitality. Wilhelm Raabe, who managed to stick it out for 8 years in Stuttgart, once sneered in a letter to his brother-in-law: "I must beg you to forget your idealistic worries about the German South, as quickly as possible. A fortnight's stay here would cure you and many valiant North Germans soundly of it. There are honest, well-meaning people here of course, but fewer of them here than anywhere else."

◇ Quel sorte d'hommes sont les habitants de Stuttgart? Commençons par les préjugés véhiculés à leur sujet. Ils contiennent un peu de vérité et un peu de mensonge.

Exemple? L'image du «Entaklemmer», le grippe-sou fielleux et amer, ou bien l'image d'âmes obsédées par la traditionnelle «Kehrwoche» (en français: la «semaine du balayage»), qui laissent le trottoir d'une propreté telle que l'on pourrait y manger. Nous possédons également quelques opinions célèbres, parmi lesquelles certaines sont fondées et d'autres le sont moins. Après tout, tous les goûts sont dans la nature. Wilhelm von Humboldt par exemple, avait constaté un certain manque de grâce à la ville de Stuttgart tandis qu'Otto von Bismarck avait été conquis par l'hospitalité de ses habitants. Dans une lettre adressée à son beau-frère, Wilhelm Raabe – qui finalement resta plus de huit ans à Stuttgart – se moquait quant à lui dans une lettre à son beau-frère: «Au nom de l'entendement et de la raison, je dois te prier d'abandonner au plus vite ta douce et idéaliste préoccupation au sujet du Sud allemand. Un séjour de quinze jours ici devrait t'en guérir complètement, toi et nombre d'habitants vaillants du Nord de l'Allemagne. Certes, tu trouveras ici aussi des bonnes gens convenables et bien-pensantes, mais plus que partout ailleurs disséminées dans la nature».

TREFFER
HIESSUNG EINER STADT
EWALTIGT
WABENBRÄU
DEM SPIEGEL
TGART
ER KUBUS

B

Entspannung im Großstadttrubel

Relaxing amidst the bustle of the city

Détente dans l'agitation de la grande ville

Jean Amery, Schriftsteller auch er, schätzte dagegen das schwäbisch Gediegene, das angenehm Provinzielle, die eingeborene Liberalität. Es ist wie immer: Jeder sucht das Seine und mag es auch finden. Die Wesensmerkmale der Stuttgarter herauszuschälen ist ein schwieriges Unterfangen, zumal in Zeiten moderner Mobilität und Flexibilität. Und doch ist von manchen Merkmalen so häufig die Rede – da muss etwas dran sein.

Die Sparsamkeit zum Beispiel. Derentwegen man in „Schduagerd" im Zweifel die Genusssucht allenfalls „hehlinge", also heimlich, auslebt. Eine Schwester der Sparsamkeit ist die Betriebsamkeit. Industria, der Fleiß, hat Stuttgart zu einer industriellen Hochburg werden lassen. Das Bild vom schaffenden Schwaben („schaffe, schaffe, Häusle baue …") kann man freilich, wie schon der bekannte Vers zeigt, in ganz unterschiedlichen Farben malen. Da ist es oft nicht weit zum freud- und humorlosen, zum etwas schwerfälligen und verhockten Mitbürger.

Jean Amery, also a writer, valued the Swabian reliability, the pleasant provincial atmosphere and the general geniality of its inhabitants. It is always the same: you will always find the kind of person you are looking for. It is a difficult task to describe the character of the people of Stuttgart, but some qualities are mentioned so often that there must be some truth in them.

One example would be thriftiness, which is seen as such a virtue that any money spent on enjoyment is done secretly. Next to thriftiness is diligence – indeed diligence has made Stuttgart a centre of industrial excellence.

The image of the hard-working Swabians cited often in the famous verse ('work, work, build a house…') could be viewed in so many different ways; as it is they are often perceived as a cheerless, humourless, somewhat awkward and unhurried people.

Jean Amery, également écrivain, estimait au contraire le sérieux souabe, son caractère provincial et sa nature exempte de préjugés. Il en va toujours ainsi: chacun peut y trouver son compte. Mettre en évidence les traits de caractère des Stuttgartois n'est pas entreprise aisée, surtout à une époque de mobilité et de flexibilité modernes. Et pourtant, il est dit souvent pour certains d'entre eux: il doit y avoir une part de vérité là-dessous.

Leur nature économe par exemple. A cause d'elle, s'il existe une soif de plaisirs à «Schduagerd» (Stuttgart, en souabe), elle n'est toutefois pas vécue au grand jour. Le travail va de pair avec cette nature économe. Industria, la déesse de l'application a fait de Stuttgart un fief industriel. On peut brosser plusieurs portraits du travailleur souabe à partir de ce vers célèbre («Bosser, bosser, construire sa petite maison… »). Ici, on n'est souvent pas loin du citoyen sans humour et sans joie, quelque peu lourd et borné.

Vor dem Neuen Schloss
In front of the New Schloss
Devant le Nouveau Château

↑
Ein Tänzchen am Eckensee

Dancing by the Eckensee

Une petite danse au bord du lac de Ecken

→
Stadtstrand beim Rathaus

City beach near the town council building

Plage en ville devant la mairie

In Mineralwasser baden: das Leuze

Bathing in mineral water: the Leuze

Un bain dans l'eau minérale: le Leuze

→

Im Süden: Blick auf Karlshöhe
und Killesberg

To the south: a view of Karlshöhe
and Killesberg

Au Sud: Vue sur Karlshöhe et
Killesberg

SPECIALS OF STUTTGART

- Besenwirtschaften
- Botanischer Garten, Hohenheim
- Haus des Waldes, Degerloch
- Hoppenlaufriedhof
- Literaturhaus im Boschareal
- Mineralbad Berg

- Römerkastell, Cannstatt
- Seilbahn zum Waldfriedhof
- Waldheim Heslach
- Waldheim Sillenbuch,
  Clara-Zetkin-Haus
- Zahnradbahn »Zacke«

Was das Gegenteil zum knitzen Schwaben, zum Cleverle wäre, den es erwiesenermaßen gleichfalls gibt. Stuttgart – eine Stadt der Gegensätze: ein bisschen Partner der Welt, ein bisschen Provinz. Hier das Enge und die Tellerrand-Fans, dort das Großstädtische und Weltläufig-Philosophische. Immerhin hat man ja auch Hegel hervorgebracht!

Manchen Ortsfremden dürfte verblüffen, dass neben der Weinstube, wie sie vor allem in den Vororten zu finden ist, und der Besenwirtschaft, in welcher der Wengerter (Weingärtner) den eigenen Wein für einige Wochen im Jahr selbst ausschenken darf, auch das Waldheim eine Stuttgarter Institution ist. Es hat vor allem in den Vororten und grünen Randlagen großen Anteil an der Freiluftgastronomie. Das Waldheim blickt auf eine glorreiche sozialistische Vergangenheit zurück, hat sich aber zugleich den liebenswerten Charakter kleinbürger

This doesn't really fit in with the idea of the cunning, inventive Swabian, an image which also exists. Stuttgart is a city of contrasts; it is a little bit worldly, and a little bit provincial. On one side the narrow-minded thinking of the farmer and on the other side the more worldly broad-minded thinking of the city dweller (don't forget Hegel comes from here!).

It may surprise some visitors that in addition to the wine taverns, which are mostly found in the suburbs, and the "Besen" in which the wine-growers are allowed to serve their own wine for a few weeks of the year, there is a further type of tavern, a Stuttgart institution, called a "Waldheim" (a working man's club in the woods). These are usually located in the suburbs and in green areas and have taken on a role as open air pubs similar to beer gardens.

Tout le contraire du souabe rusé, du petit malin qui, cela a été prouvé, existe également. Stuttgart, ville des contrastes: un peu cosmopolite, un peu provinciale. Ici l'étroitesse paysanne, là, la philosophie cosmopolite de la grande ville. N'oublions pas qu'elle est la ville natale d'Hegel!

Certains étrangers devraient être étonnés du fait qu'à côté des débits de vin, que vous trouverez surtout dans les quartiers périphériques de la ville, et des «Besenwirtschaft», véritables institutions lors desquelles les propriétaires récoltants en vins peuvent se changer, quelques semaines par an, en cafetiers afin de faire déguster leurs nouveaux crus, il existe également le Waldheim, véritable institution stuttgartoise. Il représente une part importante de la gastronomie en plein air surtout dans les banlieux et les périphéries vertes de la ville. Le Waldheim peut se targuer d'un passé d'héroïque socialisme mais a en même temps conservé le caractère

Quartier mit Altstadtflair:
das Leonhardsviertel

The old part of town:
the Leonhard district

Quartier aux airs de vieille ville:
le quartier Leonhard

→
Bürgerliche Pracht am
Schwabtunnel

Magnificence by the Schwab
tunnel

Magnificence bourgeoise
au Schwabtunnel

licher Freizeitgestaltung bewahrt. Der Sozialdemokrat Fritz Westmeyer notierte 1909: „Es wäre blöde Utopie, die soziale Frage durch solche Unternehmungen auch nur teilweise lösen zu wollen. Der Zukunftsstaat läßt sich nicht parzellenweise zusammenkaufen. Aber einem kann und soll das Waldheim dienen, nämlich dem Besitzlosen für seine paar Freistunden: Hier bin ich Mensch, hier kann ich's sein!" Vor allem der letzte Satz ist als spezifischer Stuttgarter Beitrag zur deutschen Arbeiterkultur längst zum geflügelten Wort avanciert.

Feinsinnig unterscheidet man in dieser Stadt, was von der tiefen Verwurzelung ihrer Bürger zeugt, zwischen Einheimischen, Reingeschmeckten und Fremden. Die Reingeschmeckten mögen sich noch so sehr anstrengen, sich gar des so genannten Honoratiorenschwäbischen befleißigen – sie schaffen es doch nie, wirklich dazuzugehören.

The "Waldheim" has an heroic, socialist past which has retained a pleasant character as a place for ordinary people to spend their free time. In 1909, the social democrat Fritz Westmeyer said: "It would be cloud-cuckoo land to think one could even partially solve social problems with these places. The future state cannot be bought in bits and pieces. But what the Waldheim does, and should continue to do, is serve those with nothing. In the Waldheim a man can say: Here I am, I am somebody!" This last sentence is now a much used catchphrase and an example of Stuttgart's specific contribution to the German working class culture.

Swabians make a fine distinction between natives, new arrivals and foreigners. The new arrivals can try as hard as they like – they can even cultivate a perfect Swabian dialect – but they never really manage to "belong".

charmant des loisirs petits-bourgeois. Le social-démocrate Fritz Westmeyer notait en 1909: «Ce serait pure utopie que de vouloir, même partiellement, régler la question sociale à l'aide de telles entreprises. L'Etat Providence ne se laisse pas acheter comme les parcelles d'un terrain. Mais le Waldheim doit et peut être utile à quelqu'un, à celui qui ne possède rien, pour ses quelques heures de liberté: ici je suis un être humain, ici je peux me sentir comme tel! »Cette dernière phrase, notamment, est passée depuis longtemps dans les citations célèbres, en tant que contribution spécifiquement stuttgartoise à la culture ouvrière allemande.

Cette ville fait également une distinction subtile, ce qui témoigne du profond enracinement de ses habitants, entre les gens du pays, les souabes d'adoption et les étrangers. Les seconds ont beau faire des efforts, voire imiter le langage des notabilités souabes, ils ne parviennent jamais véritablement à en faire partie.

Oder vielleicht doch? Stuttgart hat mehr Vertriebene nach dem Zweiten Weltkrieg aufgenommen als andere Städte. Der Zuzug habe gut getan, meinte Thaddäus Troll, der heimische Schriftsteller: „Das Zweiflerische, Querköpfige, Kritische und Praktische im Wesen des Stuttgarters vermischte sich mit der Großzügigkeit, dem Wagemut, der Urbanität und der Musenfreundlichkeit vieler Neubürger." Nach den anderen Deutschen kamen alsbald, seit den sechziger Jahren, Ausländer in die Stadt, Italiener und Portugiesen, Türken und Griechen, Serben und Kroaten, von denen nicht wenige zu Inländern, etliche sogar – man hört es überdeutlich – zu Schwaben geworden sind. Auch sie haben das Bild der Stadt und ihrer Bürger nachhaltig verändert, was nicht zuletzt an der kulinarischen Vielfalt sichtbar wird.

Kaum irgendwo sonst übrigens ist der Ausländeranteil in Deutschland so hoch wie in Stuttgart. Dass dies weniger Probleme als anderswo mit sich gebracht hat, spricht womöglich für die schwäbische oder baden-württembergische Toleranz, aber auch für den hiesigen Pragmatismus.

Or do they? Stuttgart took in many more World War II exiles than other cities. Thaddäus Troll, a local writer, thought that the influx did Stuttgart good: "The sceptical, awkward, critical and somewhat practical character of the people of Stuttgart is mixing with the generosity, boldness, sophistication and poetic side of many of the new citizens." After the arrival of other Germans from all across the country, the sixties saw the start of an influx of many foreigners including Italians, Portuguese, Turks and Greeks, Serbs and Croatians and their accents reveal how Swabian they have now become. They too have changed the face of the city and its citizens, not least due to the variety of their cuisine.

Today Stuttgart has one of the highest percentages of foreigners in Germany. The fact that this has led to less problems than in other places is probably thanks to the tolerant attitude of the Swabians or inhabitants of Baden-Württemberg in general as well as being a reflection of their inherent pragmatism.

A moins que ... Après la Deuxième Guerre mondiale, la ville de Stuttgart a accueilli plus de réfugiés que d'autres villes. Pour Thaddäus Troll, écrivain régional, cet afflux d'étrangers a profité à la ville: «La nature sceptique, forte tête, le caractère critique et le sens pratique des Stuttgartois se sont mélangés à la générosité, à l'audace, à l'urbanité et à la poésie des nouveaux venus. »Après un afflux de citoyens venus des autres régions d'Allemagne, Stuttgart a connu, depuis les années soixante, une immigration étrangère d'Italiens, de Portugais, de Turcs, de Grecs, de Serbes et de Croates. Nombre d'entre eux se sont assimilés aux gens du pays, quelques-uns même, sont devenus – et cela s'entend nettement au dialecte – de véritables Souabes. Eux aussi ont contribué à changer de façon durable l'image de la ville et de ses habitants, fait particulièrement visible dans la diversité des spécialités culinaires.

Nulle par ailleurs en Allemagne, la proportion d'étrangers n'est aussi élevée qu'à Stuttgart. Le fait que cela entraîne moins de problèmes qu'ailleurs parle en faveur de la tolérance de la Souabe ou du Bade-Wurtemberg mais aussi du pragmatisme ambiant.

In der Weinstube
In the wine bar
Au débit de vin

Sogar in Stuttgart gilt manchmal:
Dolce fa niente!

Even Stuttgart sometimes lives by the motto:
Dolce fa niente!

Même Stuttgart connaît la devise:
Dolce fa niente!

↑
Laue Nacht beim Hans-im-Glück-
Brunnen

A warm night next to the Hans-im-Glück
fountain

Douce soirée près de la fontaine
Hans-im-Glück

→
Bei Viertelesschlotzern beliebt:
der Schellenturm

Very popular with wine drinkers:
the Schellenturm

Appréciée des amateurs de vins:
la Schellenturm

Bei schönem Wetter treibt es die
Stuttgarter hinaus ins Grüne,
zur Spritztour durch die Parks ...

When the weather is good, the people
of Stuttgart flood outside, for rides
through the parks ...

Par beau temps, les Stuttgartois
aiment se promener dans les parcs ...

... oder doch lieber zum Müßiggang und Picknick in den Schlossgarten

... or just to relax and picnic in the Schlossgarten

... ou préfèrent se reposer en pique-niquant dans les jardins du château

Stadt der Touristen
The tourist city
Ville touristique

◇ La bella desconocida, die schöne Unbekannte – so hat vor wenigen Jahren eine spanische Journalistin ihren Reisebericht zu Stuttgart überschrieben. Ganz so unbekannt scheint die baden-württembergische Landeshauptstadt inzwischen nicht mehr zu sein. Die Zahl der Touristen steigt stetig an.

Stuttgart ist „in". Der Trend zu Städte- und Kurztrips, der Musical-Boom, der Aufschwung bei den Billig- und Günstigfliegern und sogar einige spektakuläre Baustellen in der Stadt haben dazu in jüngster Zeit ihren Teil beigetragen.

Vor allem zieht es immer mehr Ausländer in die Stadt. Japaner und Chinesen interessieren sich für die bekannten Automobilschmieden und besonders natürlich für die Museen von Mercedes und Porsche. Schweizer ziehen auf den Weihnachtsmarkt, Briten und Franzosen kommen in die Oper und in die Kunstmuseen, Amerikaner aufs Volksfest oder in die Besenwirtschaften.

Aus ganz Deutschland reisen die Gäste an, um die Musicals zu besuchen. Das SI-Centrum in Stuttgart-Möhringen mit Musical-Theatern, Spielbank, Bädern, Kinos, Einkaufspassagen und Restaurants ist Stuttgarts Miniaturausgabe von Las Vegas und bietet Vergnügungen für die ganze Familie.

◇ 'La bella desconocida', the beautiful unknown – this was how a Spanish journalist described Stuttgart in a travel article a few years ago. The administrative centre of Baden-Württemberg does not appear to be quite so unknown as it was. The number of tourists is rising steadily.

Stuttgart is certainly "in". The increase in popularity of city trips and short breaks, the rising interest in stage musicals, the number of available cheap flights and even some of the more spectacular building sites in the city have all played their part in this development.

In particular there are a growing number of foreign visitors in the city. Japanese and Chinese tourists are interested in the well-known automobile workshops and especially the Porsche and Mercedes museums. The Swiss love the Christmas market, the Brits and French come to visit the opera and stroll around the art museums whilst the Americans enthuse over the Volksfest or the local family-run wine taverns.

Guests from across Germany come to see the musicals. The SI Centre in Stuttgart-Möhringen which houses musical theatres, a casino, a variety of baths, cinemas, shopping malls and restaurants is Stuttgart's miniature Las Vegas and has something to offer for the whole family.

◇ La bella desconocida, la belle inconnue, c'est le titre que donnait il y a quelques années une journaliste espagnole à son récit de voyage sur Stuttgart. Mais entretemps, la capitale régionale du Bade-Wurtemberg ne semble plus être si méconnue que cela. Le nombre des touristes ne cesse d'augmenter.

Stuttgart est «in». La tendance aux courts séjours, notamment aux séjours de découverte en milieu urbain, le boom des music-halls, l'essor des vols bon marché et même quelques chantiers spectaculaires dans la ville ont contribué à cet essor.

Et surtout, toujours plus d'étrangers sont attirés par notre ville. Japonais et Chinois portent grand intérêt aux usines automobiles renommées et bien sûr aux musées de Mercedes et Porsche. Les Suisses viennent pour le marché de Noël, les Britanniques et les Français fréquentent l'opéra et les musées d'art tandis que les Américains leur préfèrent les fêtes populaires et les «Besenwirtschaften».

Des visiteurs viennent de toute l'Allemagne assister aux spectacles de music-hall. Le SI-Centrum de Stuttgart-Möhringen avec ses théâtres de music-hall, ses banques de jeu, ses thermes, ses cinémas, ses galeries marchandes et ses restaurants est une version miniature de Las Vegas et propose des loisirs pour toute la famille.

Ein Stuttgarter Wahrzeichen: der Fernsehturm

A hallmark of Stuttgart: the television tower

Un emblème de Stuttgart: la tour de télévision

Schatzkammer für Völkerkundler:
das Lindenmuseum

A treasure trove for ethnologists:
the Linden museum

Une chambre aux trésors pour les amateurs
d'ethnologie: le musée Linden

↓
Verwunschener Ort: das Lapidarium

Enchanted place: the Lapidarium

Un endroit enchanteur: le Lapidarium

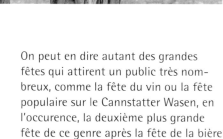

Ähnliches lässt sich über publikumsträchtige Veranstaltungen wie das Volks- und das Frühlingsfest auf dem Cannstatter Wasen sagen. Ersteres gilt nach dem Münchner Oktoberfest immerhin als das zweitgrößte dieser Art auf der Welt.

Manchen Gästen reichen auch schon die Flaniermeilen in der Innenstadt und das breite gastronomische Angebot als Grund aus, um sich nach Stuttgart aufzumachen. Fast jede Küche ist hier zu Hause, nicht zuletzt die schwäbisch-bodenständige. Rostbraten, Maultaschen, Ochsenschwanzragout, Gaisburger Marsch und handgeschabte Spätzle gelten als heimische Spezialitäten. Stuttgart ist aber auch jenseits der regionalen Küche ein kulinarisches Mekka geworden, kann auf deutlich mehr Sterne, Kochmützen und -löffel verweisen als andere Städte.

The same can be said about the large public events such as the Volksfest and Frühlingsfest on the Cannstatter Wasen. The Volksfest is the second largest of this kind in the world after the Munich Volksfest.

Some guests just want to visit Stuttgart to stroll through the city's shopping centre and enjoy the variety of culinary delights of the local restaurants. Almost all of the world's cuisines can be found in Stuttgart including of course Swabian home-cooking. Typical local specialities include roasted beef, filled pasta squares, oxtail ragout, Gaisburger Marsch (vegetable and beef soup) and handmade egg noodles. Apart from the regional cuisine, Stuttgart has become a culinary Mecca and has more Michelin stars, prize-winning chefs and cooks than other cities.

On peut en dire autant des grandes fêtes qui attirent un public très nombreux, comme la fête du vin ou la fête populaire sur le Cannstatter Wasen, en l'occurrence, la deuxième plus grande fête de ce genre après la fête de la bière à Munich.

Beaucoup de visiteurs se satisfont pleinement des rues du centre-ville où il fait bon flâner et de la riche palette gastronomique, raison suffisante pour se rendre à Stuttgart. Presque toutes les cuisines sont représentées ici, et bien sûr la solide cuisine souabe ne saurait être en reste. Rôtis, rissoles, ragoût de queue de bœuf, «Gaisburger Marsch» et «Spätzle» (pâtes aux œufs) découpées à la main sont des spécialités du terroir. Mais au-delà de la cuisine régionale, Stuttgart est devenue une Mecque culinaire, s'enorgueillissant d'un nombre impressionnant d'étoiles, de toques et de cuillères.

Exotisch: die Wilhelma, Stuttgarts Zoo

Exotic: the Wilhelma, Stuttgart's zoo

Exotique: la Wilhelma, le zoo de Stuttgart

Weinlokale spielen in der Weinstadt Stuttgart naturgemäß ebenfalls eine wichtige Rolle. Sie liegen – dank dem Siegeszug des deutschen Weins – voll im Trend, blicken aber auch auf Geschichte zurück. Denn schon immer ist dieser Stadt eine gewisse Weinseligkeit eigen gewesen. Typisch war und ist wohl auch ein knitzes Außerkraftsetzen allzu strenger Regeln und Prinzipien, wie es einst die Volksschauspieler Willy Reichert und Oscar Heiler so unnachahmlich verkörperten. Der Schriftsteller Thaddäus Troll hat dies einmal in die Worte gefasst: „Stuttgart ist eine stillvergnügte Stadt, ist hehlinge lustig." Ganz so heimlich und hintenrum hat man's inzwischen nicht mehr nötig – heute wird offen genossen.

In this city of wine, wine taverns obviously play an important role and, thanks to the continuing success of German wines in general, they are currently very 'in' although their historical origins go back a long way. Wine drinking has always been a central theme in the city. Typically the people of Stuttgart like to rebel against rules and principles that are too strict. We are reminded of the famous actors Willy Reichert and Oscar Heiler who portrayed this in their own inimitable way. Thaddäus Troll, the writer, once wrote: "Stuttgart is a quietly contented city and secretly a lot of fun." Nowadays it is no longer necessary to be secretive – the people of Stuttgart can enjoy their wine when and wherever they like.

Les débits de vin jouent aussi par nature un rôle important dans la ville du vin qu'est Stuttgart. Grâce à la marche triomphale du vin allemand, ils sont totalement à la mode tout en étant les héritiers d'une longue tradition. Car la ville a toujours aimé le vin. Stuttgart a toujours eu une façon typique de contourner d'un air entendu toutes les règles et les principes par trop sévères, inimitablement incarnée autrefois par les acteurs populaires Willy Reichert et Oscar Heiler. L'écrivain Thaddäus Troll l'a résumé une fois en ces mots: «Stuttgart est une ville satisfaite intérieurement, à la jovialité cachée.» Plus besoin de se cacher, on peut aujourd'hui jouir ouvertement de son plaisir.

Beliebter Treffpunkt:
Pavillon am Schlossplatz

A popular meeting place:
the pavilion on the Schlossplatz

Un lieu de rencontre favori:
le pavillon sur la Schlossplatz

SIGHTSEEING

- Alte und Neue Staatsgalerie
- Haus der Geschichte
- Kunstmuseum
- Lindenmuseum
- Löwentormuseum
- Mercedes-Benz Museum
- Naturkundemuseum im Schloss Rosenstein
- Planetarium
- Porsche-Museum
- Sternwarte
- Straßenbahnmuseum
- Wilhelma
- Württembergisches Landesmuseum

Auch für Flaneure und Einkaufsbummler hat
Stuttgart viel zu bieten: In der Königstraße
beim Königsbau...

Stuttgart has a lot to offer even for those who
just want to stroll through the city or go
window shopping: in the Königstraße near the
Königsbau...

Stuttgart est aussi le bon endroit pour flâner et
faire les magasins: dans la Königstraße au
Königsbau...

→

... oder in der Calwer Passage

... or in the Calwer Passage

... ou dans le passage Calwer

Zu wahren Publikumsrennern haben sich das Sommerfest mit seinem multikulturellen Flair, der traditionsreiche Weihnachtsmarkt und das Weindorf im Spätsommer entwickelt. Letzteres ist eine sich über fast zwei Wochen hinziehende „Hocketse" (schwäbisch hocken = sitzen). Ein solches Sit-in wird leicht zur „Drucketse":
Es ist dann eng, laut, man schwitzt im Kollektiv, und die Distanz zum Nachbarn oder der Nachbarin wird für schwäbische Verhältnisse unverhältnismäßig rasch überbrückt.
Der Popularität der provisorischen Weinlauben zwischen Rathaus- und Schillerplatz tut dies keinen Abbruch, ganz im Gegenteil.

Many events have become really popular with the public including the Summer Fest, (with its multi-cultural flavour), the traditional Christmas market (founded by Duke Carl Eugen over 300 years ago) and the "Weindorf" which takes place at the end of the summer. This last event is a two-week long "Hocketse" (derived from "hocken" = to sit). This "sit-in" often turns into a "press-in". It is crowded, loud, you sweat, and the distance between you and your neighbour is much closer than the Swabians are normally used to. Despite this, the popularity of the temporary vine arbour between the "Rathaus" (city council building) and "Schillerplatz" has not waned.

La fête de l'été (Sommerfest) au caractère multiculturel, le marché de Noël (Weihnachtsmarkt), riche en traditions ainsi que la fête du vin (Weindorf), qui a lieu à la fin de l'été attirent un public très nombreux. Cette dernière s'étend sur presque deux semaines, deux semaines de «Hocketse» («hocken» signifie en souabe: «être assis»). Un tel Sit-in peut facilement se transformer en «Drucketse» (être compressé): on est assis serrés les uns contre les autres, dans le bruit et la transpiration, avec une distance de voisin à voisin très vite franchie pour les habitudes souabes. Cela ne porte pas atteinte à la popularité de la fête, située entre la Rathausplatz (la place de la mairie) et la Schillerplatz, au contraire.

Blumenmarkt auf dem Schillerplatz

Flower market on the Schillerplatz

Marché aux fleurs sur la Schillerplatz

↑
Welches Motiv fehlt noch?

What motif is missing here?

Quel motif manque-t-il ici?

←
Anziehungspunkt für Architekturfreaks und Gourmets: die Markthalle

A real attraction for architecture freaks and gourmets: the Market Hall

Attire les amateurs d'architecture et les gourmets: la Markthalle

Stuttgart hat indes auch klassische Sehenswürdigkeiten zu bieten. Dazu zählen etwa die historischen Bauten im Umkreis von Neuem Schloss, Stiftskirche und Schillerplatz. Zu den bekannten Ausflugszielen gehören außerdem der Fernsehturm, Stuttgarts Zoo, die Wilhelma, und der Rotenberg, auch Württemberg genannt. Auf der kegelförmigen Erhebung befand sich früher inmitten von Weinreben die Stammburg der württembergischen Herrscherfamilie. Heute thront dort die klassizistische Grabkapelle für eine Zarentochter und württembergische Königin.

Of course Stuttgart also has more typical tourist attractions to offer, such as the historical buildings near the "New Schloß", the "Stifts" church and the "Schillerplatz". Other traditional tourist attractions are the Television Tower, Stuttgart's Wilhelma zoo and the Rotenberg Hill, also known as the Württemberg. In times gone by, one of the earlier ruling families of Württemberg owned a castle which stood on this dome-shaped hill, in the centre of the vineyards. Today, it provides a home for the classical burial chamber of the daughter of a Tsar and a Württemberg queen.

Stuttgart possède également un patrimoine touristique plus classique. Il s'agit, par exemple, des constructions dans le quartier du Neues Schloß (le nouveau château), de la Stiftskirche (l'église collégiale) et de la Schillerplatz. Font également partie des excursions traditionnelles, la tour de télévision, le zoo Wilhelma, ainsi que le mont Rotenberg, appelé aussi Württemberg. Sur cette élévation en forme de cône se trouvait autrefois le berceau de la famille royale du Wurtemberg, au beau milieu des vignobles. Aujourd'hui, son sommet est occupé par la chapelle funéraire, de style classique, d'une fille de tsar et reine du Wurtemberg.

Im Spätsommer lockt das Weindorf – eine zwei Wochen lang dauernde „Hocketse" zwischen Rathaus- und Schillerplatz

The Weindorf is a big attraction in the late summer – a two-week long "Hocketse" between the town council building and Schillerplatz

A la fin de l'été, c'est la fête du vin – un «Hocketse» deux semaines durant entre hôtel de ville et Schillerplatz

→

Das Cannstatter Volksfest – immerhin das zweitgrößte seiner Art weltweit

The Cannstatt Volksfest – the second largest of its kind in the world

La kermesse de Cannstatt – tout de même la deuxième au monde dans son genre

Stimmungsvoll: der Weihnachtsmarkt vor dem Rathaus

Romantic: the Christmas market in
front of the town council building

Atmosphère chaleureuse: le marché de
Noël devant l'hôtel de ville

EVENTS

- Flohmarkt auf dem Karlsplatz
- Frühlingsfest
- Sommerfest
- Lichterfest Höhenpark Killesberg
- Fischmarkt
- Weindorf
- Volksfest
- Weihnachtsmarkt

Reich gesegnet ist Stuttgart mit Museen und Galerien. Alte und Neue Staatsgalerie, Galerie der Stadt Stuttgart und Württembergischer Kunstverein, Lindenmuseum (Völkerkunde), zwei Naturkundemuseen (Schloss Rosenstein und Museum am Löwentor), aber auch Kleinodien wie das Straßenbahnmuseum oder das Planetarium locken Besucher von weit her. Das neue Haus der Geschichte offeriert die Historie des noch relativ jungen Landes Baden-Württemberg in einer Form, die auch den Zuschauer und den Zuhörer fordert. Schon etwas älteren Datums ist das Württembergische Landesmuseum im zentral gelegenen Alten Schloss. Es beherbergt zahllose Kostbarkeiten von der Steinzeit bis zur Gegenwart und zieht die Besucher mit einem vielfältigen kulturellen Angebot an.

Stuttgart is also well-endowed with museums and galleries. The old and new State Galleries, The City of Stuttgart Gallery and the Württemberg Art Council, the Linden Museum (ethnology), two natural science museums (Schloß Rosenstein and Museum am Löwentor) as well as the lesser known tram museum and the Planetarium also attract visitors from far and wide. The new History Museum provides background information about the relatively young state of Baden-Württemberg in a manner which requires the active participation of the visitors and listeners. Somewhat older is the Württemberg State Museum inside the Old Schloss in the centre of the city. It is home to numerous treasures from the Stone Age through to the present day and its varied cultural programme attracts many visitors.

La ville de Stuttgart propose par ailleurs à ses visiteurs de nombreux musées et galeries d'art. La «Alte Staatsgalerie» et la «Neue Staatsgalerie» (l'ancien et le nouveau musées d'Art moderne et contemporain), la «Galerie der Stadt Stuttgart» et le «Württembergischer Kunstverein» (galerie d'art de la ville de Stuttgart et l'Association artistique wurtembergeoise), le Lindenmuseum (musée ethnologique), le Schloß Rosenstein et le Museum am Löwentor (musées des sciences naturelles) ainsi que des joyaux comme le Musée du tramway ou le Planétarium attirent des touristes venus de très loin. La Nouvelle Maison de l'Histoire présente l'histoire du land encore relativement jeune de Bade-Wurtemberg sous une forme qui fait participer le spectateur et l'auditeur. Le Musée régional du Wurtemberg, logé dans l'ancienne résidence située au centre est déjà plus ancien. Il abrite d'innombrables pièces de l'époque préhistorique à nos jours et attire les visiteurs par une offre culturelle diversifiée.

Eine Parade der Kostüme und Masken: der Faschingsumzug auf dem Schlossplatz

A parade of costumes and masks: the Mardi Gras parade on the Schlossplatz

Une parade des costumes et des masques: le défilé du carnaval sur la Schlossplatz

↑
In genauer Achsensymmetrie verwirklicht:
Herzog Carl Eugens Schloss Solitude
(1764–69) gilt als Spätblüte des Rokoko-Stils

Built in exact symmetry: Duke Carl Eugen's
Schloss Solitude (1764–69) is considered to be
one of the last buidings in the Rococo style

Une réalisation aux axes parfaitement
symétriques: le château Solitude (1764–69)
du duc Carl Eugen est considéré comme un
épanouissement tardif du style rococo

→
Neckarromantik: Auch vom Wasser aus
kann Stuttgart entdeckt werden

Neckar romanticism: Stuttgart can also be
discovered by boat

Le Neckar romantique: pour découvrir
Stuttgart aussi de la rivière

Ausschließlich zu Repräsenta-
tionszwecken erbaut, ist Schloss
Solitude heute ein beliebtes
Ausflugsziel

Only built for representative purposes, Schloss Solitude is now a
popular destination for day trips

Édifié dans un but de représenta-
tion exclusif, le château Solitude
est aujourd'hui un lieu d'excursion
prisé

Schwarzwald, Schwäbische Alb,
Schönbuch, Schwäbischer Wald und
Neckartal bieten das „natürliche"
Kontrastprogramm zu den städtischen
Highlights. Zur Region im engeren
Sinn gehören die Kreise Ludwigsburg,
Rems-Murr, Esslingen, Göppingen
und Böblingen. Ungewöhnlich an
diesem „Speckgürtel" ist die Vielzahl
mittelgroßer Städte, deren in Jahr-
hunderten gewachsenes Selbst-
bewusstsein noch heute sichtbar ist.
Etwa in den pittoresken Stadtkernen
von Backnang, Waiblingen, Schorndorf, Bietigheim, Herrenberg oder
Weil der Stadt. Städte wiederum wie
Esslingen und Ludwigsburg machten
Stuttgart sogar zeitweise den Rang
streitig. Esslingen kann mit einem
weitgehend intakten mittelalterlichen
Stadtkern aufwarten und ist dank
zahlreicher Sehenswürdigkeiten ein
beliebtes Touristenziel. Einen ganz
anderen Charakter hat die nördliche
Nachbarstadt Ludwigsburg, die Stuttgart im 18. Jahrhundert die Schau
stahl: Das Ludwigsburger Schloss gilt
als schwäbisches Versailles.

The Black Forest, the Swabian Alb,
Schönbuch, the Swabian Forest and the
Neckar valley are, in some ways, a natural contrast to these city highlights.
Ludwigsburg, Rems-Murr, Esslingen,
Göppingen and Böblingen all belong to
"the region". What is unusual about
these areas which surround the city is
that the autonomy of most of the medium-sized towns within them, which has
developed over the centuries,
is still visible today, particularly in the
picturesque town centres of Backnang,
Waiblingen, Schorndorf, Bietigheim,
Herrenberg or Weil der Stadt. On the
other hand, cities like Esslingen and
Ludwigsburg have on occasion vied with
Stuttgart for leadership of the region.
Esslingen is very popular with tourists
because of its almost intact medieval
town centre. To the north, the neighbouring city of Ludwigsburg has a completely different character, having stolen
Stuttgart's limelight in the 18th century:
the Ludwigsburg palace is often called
the Swabian Versailles.

La Forêt Noire, la chaîne montagneuse
du Schwäbische Alb, les collines de
Schönbuch ainsi que la forêt souabe
(Schwäbischer Wald) et la vallée du
Neckar constituent, en quelque sorte,
un programme «nature» qui contraste
avec ces temps forts urbains. La région
proprement dite comprend les cantons
de Ludwigsburg, de Rems-Murr, d'Esslingen, de Göppingen et de Böblingen.
Ils forment une «ceinture» de villes
moyennes autour de Stuttgart dont le
caractère, qui s'est forgé au fil des
siècles, est encore visible aujourd'hui.
Cela concerne, par exemple, les centres
pittoresques de Backnang, de Waiblingen, de Schorndorf, de Bietigheim ou
de Weil der Stadt. Des villes comme
Esslingen et Ludwigsburg ont même
disputé, à certains moments de l'histoire, la première place à Stuttgart.
Esslingen a largement conservé dans
son centre-ville ses constructions
médiévales et constitue, grâce à ses
nombreuses curiosités, une destination
touristique privilégiée. Un tout autre
caractère présente, plus au nord, sa
voisine Ludwigsburg, qui au XVIIIe siècle
a ravi la première place à Stuttgart: le
château de Ludwigsburg est considéré
comme le Versailles souabe.

↑
Geschichtsträchtige Nachbarin:
die alte Reichsstadt Esslingen

Historical neighbour:
the old town of Esslingen

Une voisine riche d'Histoire:
la vieille ville impériale d'Esslingen

→
Mittelalterliches Gepräge:
Altstadtgasse in Esslingen

Predominantly medieval:
the Altstadtgasse in Esslingen

Cachet médiéval:
une ruelle de la vieille ville d'Esslingen

Impressionen vom schwäbischen Versailles:
Schloss Ludwigsburg

Impressions from Swabia's Versailles:
Schloss Ludwigsburg

Impressions du Versailles de Souabe:
le château de Ludwigsburg

Stadt der Zukunft
The future city
Ville d'avenir

◇ Hohe Lebensqualität, Wohlstand und wirtschaftliche Prosperität wirken sich positiv auf die Einstellung der Bürger aus. Die Stuttgarter sehen zuversichtlich in die Zukunft.

Dies gilt für die gesamte Region, die einen europäischen Spitzenplatz einnimmt. Stuttgart liegt in der wirtschaftlich starken westlichen Mitte Europas: Straßburg und Brüssel sind nahe, aber auch Paris, London, Frankfurt, Mailand und Turin.

Zwei Großprojekte sollen Stuttgarts Position in der Zukunft sichern helfen: Die Neue Messe und Stuttgart 21. Die Messe auf den Fildern befindet sich bereits im Bau. Zwischen Flughafen, Autobahn A 8 und Schnellstraße B 27 gelegen, ersetzt sie die alte Killesberg-Messe, die wegen ihrer ungünstigen Lage und der knappen Platzverhältnisse an ihre Grenzen gekommen war. Das Projekt war nicht unumstritten, vor allem die Filderbauern hatten sich lange Zeit gegen die Neue Messe gewehrt. Auf eine ähnliche Geschichte von Auseinandersetzungen kann der nahe gelegene Flughafen zurückblicken, der zur Drehscheibe Stuttgarts in die Welt geworden ist.

Ein anderes, viel größeres Projekt beflügelt die Phantasien, ist aber wegen seiner Kosten und anderer ungeklärter Fragen noch Zukunftsmusik: Stuttgart 21. Stadt, Land und Bahn wollen den bisherigen Kopfbahnhof in einen unterirdischen Durchgangsbahnhof verwandeln.

◇ A high quality of life, high standard of living and commercial prosperity continue to have a positive effect on the attitude of the citizens and their confidence in what the future holds.

This applies throughout the whole region, which ranks high among the top locations within Europe. Stuttgart is located in the commercially powerful western part of central Europe: Strasbourg and Brussels are close, as are Paris, London, Frankfurt, Milan and Turin.

Two major projects are currently under consideration, both aimed at underpinning Stuttgart's future position: the new exhibition centre and the 'Stuttgart 21' project. The exhibition centre in the Filder region is already under construction. Located between the airport, the A8 motorway and major road B 27, it will replace the Killesberg exhibition centre which will ultimately be closed due to its unfavourable location and spatial problems. The project was surrounded with controversy and heavily contested by farmers in the Filder region for a long time. The adjacent airport was also developed under similar circumstances and has become an important link to the rest of the world.

Another project, Stuttgart 21, is currently just a concept on the drawing board due to the vast costs involved and some unsolved issues. The city, state and the railway company want to convert the current railway terminus into an underground through station. The aim is

◇ Qualité de vie élevée, prospérité et croissance économique ont un écho positif sur l'opinion des habitants. Les Stuttgartois envisagent l'avenir avec confiance.

Cela vaut pour l'ensemble de la région qui occupe une position de premier rang au sein de l'Europe. Stuttgart se situe au centre occidental économique fort de l'Europe: à proximité de Strasbourg et Bruxelles, mais aussi de Paris, Londres, Francfort, Milan et Turin.

Deux grands projets doivent aider Stuttgart à consolider sa position à l'avenir: la Nouvelle Foire et Stuttgart 21. La Foire «Auf den Fildern» est déjà en construction. Située entre l'aéroport, l'autoroute A8 et la nationale B 27, elle remplace l'ancien terrain de foire de Killesberg qui était arrivé à ses limites en raison de sa situation défavorable et du manque de place. Le projet est certes controversé, notamment les paysans de Fildern ont longtemps été contre le projet de la Nouvelle Foire. L'aéroport à proximité a connu lui aussi des confrontations semblables avant de devenir la plaque tournante de Stuttgart sur le monde.

Un autre projet, beaucoup plus ambitieux, enflamme les esprits mais n'est encore qu'un projet d'avenir en raison de son coût et d'autres problèmes non résolus: Stuttgart 21. La ville, le land et la société de chemins de fer veulent transformer la gare terminus actuelle en gare de transit souterraine. A proximité de la Nouvelle Foire et de l'aéroport au niveau de

Alt und neu im spannungsgeladenen Dialog:
Stiftskirche und Fruchtkasten spiegeln sich in einem
gläsernen Treppenturm

Old and new in an exciting dialogue: the Stifts church
and the Fruchtkasten are reflected in a glass stairwell

Stiftskirche (église collégiale) et Fruchtkasten se
reflètent dans une tour en escaliers de verre

Nahe der Neuen Messe und dem Flughafen auf der Filder-Ebene soll ein neuer ICE-Bahnhof entstehen. Hintergrund sind die Modernisierung des europäischen Schienennetzes und der bereits begonnene Ausbau der großen West-Ost-Transversale zwischen Paris und Budapest, auf welcher dereinst durchweg schnelle Züge verkehren sollen.

Der Effekt einer Tieferlegung des historischen Stuttgarter Bahnhofs wäre allerdings nach Meinung der Befürworter nicht nur ein Gewinn an Zeit für die Durchreisenden. Auf den freiwerdenden Gleisflächen könnten neue Arbeitsplätze, zugleich aber neue zentrumsnahe Wohnquartiere entstehen. Noch ist nicht klar, ob alle Visionen realisiert werden; manches wird Utopie bleiben.

to construct a new ICE station close to the new exhibition centre and the airport. The backdrop to the project is the modernisation of the European rail network, and the expansion of the West-East route for rapid trains between Paris and Budapest which is already under construction.

Those in favour of relocating Stuttgart's historical railway station below ground see the benefits not only in the time savings for travellers, but also in jobs that could be created within the area once covered in railways tracks, and also in the development of residential areas close to the city centre. It still isn't clear whether all these ideas will be realised; some will probably remain visions.

Filder, une nouvelle gare ICE devrait être construite. L'arrière-plan est la modernisation du réseau ferroviaire européen et l'extension déjà commencée de la grande diagonale Ouest-Est entre Paris et Budapest, sur laquelle devraient un jour circuler des trains rapides.

Selon l'avis de ceux qui appuient le projet, la conséquence de ce abaissement de la gare historique de Stuttgart ne serait pas seulement un gain de temps pour les voyageurs. De nouveaux emplois pourraient être créés sur l'espace libre ainsi dégagé, occupé jusqu'à présent par les voies ferrées, ainsi que de nouveaux quartiers d'habitation proches du centre. On ne sait pas encore si tous ces projets pourront voir le jour, certains ne dépasseront sans doute pas le stade de l'utopie.

Neue Technologien, künftige Lebensentwürfe –
rund um die Vaihinger Universität nehmen sie
Gestalt an

New technologies and future plans in progress in
and around the University of Vaihingen

Nouvelle technologies, projets d'avenir – ils
prennent forme tout autour de l'Université de
Vaihingen

Die Zukunft der Stadt wird entscheidend davon abhängen, ob es gelingt, zwei Ansprüche zu erfüllen, die sich häufig im Widerstreit befinden: die Fähigkeit zur Innovation und die Verbesserung der Lebensqualität. In der „Charta von Athen" war als Ziel der Stadtplanung – typisch noch für die 90er Jahre des 20. Jahrhunderts – die bauliche Trennung von Wohnen, Arbeiten, Erholung und Fortbewegung festgeschrieben worden. Heute wird eine Durchmischung der verschiedenen Lebenssphären angestrebt. Die City selbst muss „reurbanisiert", mit neuem städtischem Leben erfüllt werden.

In der Zukunft kann es nicht mehr heißen: raus aus der Stadt, das letzte Grün zersiedeln, durch den anschwellenden Verkehr schwer berechenbare Folgekosten und Umweltschäden verursachen. Um der Stadtflucht und der „Entvölkerung" der City entgegenzuwirken, will Stuttgart nicht zuletzt familienfreundlicher werden. Man hat erkannt, dass vieles, was die Besucher lockt, auch die Bürger in der Stadt hält. Gerade in diesem Punkt offenbaren sich wieder die Identität und der Charme der Schwabenmetropole: Bodenständigkeit und Weltoffenheit bilden kein Gegensatzpaar, sondern eine Einheit. Die Zeichen in und für Stuttgart stehen günstig.

The future of the city will depend on whether two decisive and often contradictory requirements can be fulfilled, the first being the need for innovative planning and the second being the need to improve current living standards. When the "Athen's Charter" was drawn up, it stipulated (typically for the 90s of the 20th century) that the objective of the city development plans should be to clearly separate the areas designated for housing, industrial, relaxation and transportation purposes. Today town planners tend to aim for a mix of these different aspects. The city needs to be "re-urbanised" so that the city is once again filled with people.

The policy for the future can no longer be for citizens to get out of the city and build housing on the last green reserves, since this will ultimately lead to heavier traffic and difficult-to-foresee follow-on costs and environmental damage. To counteract migration from the city, Stuttgart needs to try and attract more families. It is now clear that those factors which attract visitors are also those which keep citizens in the city. It is here that the identity and charm of this Swabian metropolis comes into play: a down-to-earth and cosmopolitan attitude are not mutually exclusive: on the contrary they form a single unit. The omens for Stuttgart are looking good.

L'avenir de la ville dépendra de façon décisive de son aptitude à concilier deux exigences souvent contraires : sa capacité à innover et l'amélioration de sa qualité de vie. En matière d'urbanisme, la «Charte d'Athènes» – encore typique pour les années 90 du 20ème siècle – avait pour objectif de dissocier les sphères du logement, du travail, des loisirs et du déplacement. C'est seulement depuis peu que l'urbanisme a pris une nouvelle orientation. On aspire désormais à une association des différentes sphères vitales. Pour les urbanistes, la «City» doit être «réurbanisée» et sa vie urbaine recréée.

L'avenir ne peut plus signifier: quitter la ville pour occuper les derniers espaces verts, entraîner des coûts consécutifs difficilement calculables et des dommages pour l'environnement par une circulation automobile toujours plus intense. Pour éviter la fuite hors de la ville et la «désertification» du centre, Stuttgart doit appliquer une politique familiale. On s'est aperçu que ce qui attire les visiteurs retient aussi les habitants dans une ville. C'est justement là que l'identité et le charme de la métropole souabe se révèlent à nouveau: enracinement dans le terroir et ouverture sur le monde ne sont pas contradictoires mais forment une unité. Les signes dans et pour Stuttgart en sont favorables.

Das Netz der S- und U-Bahnen wird weiter ausgebaut: Stadtbahn-Haltestelle

The municipal train and tram system is being further extended: a tram stop

Le réseau des trains de banlieux et des métros s'agrandit: l'arrêt du R.E.R.

Spektakulärer Brückenschlag: Parkhaus für
die Neue Messe über der Autobahn A 8

Spectacular bridge: the car park for the New
Exhibition Centre over the A 8 motorway

Liaison spectaculaire: parking pour la Neue
Messe (nouveau terrain de foire) par-dessus
l'autoroute A 8

↑
Gut hundert Hektar Fläche mitten in der Stadt: das Planungsgebiet von Stuttgart 21 aus der Vogelperspektive

Over one hundred hectares in the middle of the city: the planned Stuttgart 21 district from a bird's eye view

Une bonne centaine d'hectares en plein cœur de la ville: la zone de projet de Stuttgart 21 de la perspective aérienne

← und →
Unten Durchgangsbahnhof, oben ein neuer Platz, Bindeglied zwischen Stadtvierteln – Idee im Modell

The through station below, above a new pedestrian area to connect the city districts – the idea as a model

En bas la gare de transit, en haut une place nouvelle, un lien entre les quartiers de la ville – idée en maquette

Bildnachweis

Mit Ausnahme der im Folgenden genannten Abbildungen stammen sämtliche Fotografien in diesem Buch von Josip Madračević.

S. 25 Foto Baumann
S. 27 oben: Foto Baumann
S. 28 oben: Häussler Holding GmbH; unten: Foto Baumann
S. 29 Foto Baumann
S. 30 oben links: Foto Baumann
S. 31 Foto Baumann
S. 32 Foto Baumann
S. 33 Foto Baumann
S. 36 DaimlerChrysler
S. 37 Mitte, unten: DaimlerChrysler
S. 38 Robert Bosch GmbH
S. 43 unten rechts: XSYS Solutions
S. 49 oben: Hafen Stuttgart GmbH
S. 54 Maria Eichwald als Aurora und Friede-mann Vogel als Desiré in Márcia Haydées „Dornröschen", Stuttgarter Ballett
S. 55 Lulu. Eine Monstretragödie (Bridget Breiner), Stuttgarter Ballett, Foto: Ulrich Beuttenmüller
S. 58 oben: Rotraud Harling
S. 59 oben: Musical Elisabeth, Stage Enter-tainment Marketing & Sales GmbH; unten: Musical Mamma Mia!, Stage Entertainment Marketing & Sales GmbH
S. 60 oben: Four music; unten: Andreas „Bär" Lesker
S. 66 Württembergisches Landesmuseum Stuttgart, Foto: H. Zwietasch / P. Frankenstein
S. 83 David Franck, Ostfildern
S. 117 Projektgesellschaft Neue Messe, MACKEVISION Medien Design GmbH
S. 118 oben, unten: DB-Projekt Stuttgart 21/ Storck
S. 119 DB-Projekt Stuttgart 21